콤팩트 쌩기초 영어회화

콤팩트
쌩기초 영어회화

2008년 7월 10일 1쇄 발행
2008년 9월 10일 2쇄 발행

엮은이 Enjc 스터디
발행인 손건
원어감수 Bruce Perkins
편집기획 김소연
마케팅 김재윤
디자인 김선옥, 김윤수
제작 최승룡
인쇄 선경프린테크
제본 정민제책

발행처 **LanCom** 랭컴
주소 서울시 영등포구 영등포동 6가 67-1 윤성타워텔 504호
등록번호 제 312-2006-00060호
전화 02) 2636-0895
팩스 02) 2636-0896
홈페이지 www.lancom.co.kr

ⓒ Enjc 스터디 2008
ISBN 978-89-89059-93-6   13740

이 책의 저작권은 저자에게 있습니다. 저자와 출판사의 허락없이
내용의 일부를 인용하거나 발췌하는 것을 금합니다.

Enjc 스터디 지음

Preface

영어회화를 효과적으로 습득하는 비결은 꼭 필요한 표현을 먼저 마스터하고 그것을 최대한 활용하는 것입니다. 닥치는 대로 수많은 문장을 암기하려고 하면 결국에는 좌절하게 됩니다. 〈콤팩트 영어회화 첫걸음〉은 초보자들이 영어회화에 대한 압박에서 벗어나 자신감을 가지고 영어회화에 쉽게 다가갈 수 있도록 만든 책으로, 실제 생활에서 정말 자주 쓰이는 표현만을 엄선하여 자유자재로 활용할 수 있도록 하였습니다.

Part 1에서는 회화를 하는데 꼭 알아두어야 하는 표현 15가지를 원어민이 녹음한 음성파일을 반복해서 들으며 공부할 수 있습니다. 회화의 가장 기본이 되는 표현과 초보자들의 이해를 돕기 위한 상세한 설명 및 생생한 예문을 수록하였습니다.

Part 2에서는 Part 1에서 배웠던 기본표현을 바탕으로 80개의 패턴을 가지고 다양한 문장으로 200% 활용할 수 있도록 구성하였습니다. 우리가 일상회화에서 사용하고 있는 표현에는 패턴화 된 것이 많습니다. 예를 들면 '여보세요, ~씨 댁입니까?'로 시작하는 전화회화 등이 그 전형적인 예라고 할 수 있습니다.

영어도 마찬가지로 어떤 장면에는 그것에 적합한 표현이 있습니다. 그 표현만 알고 있어도 충분히 회화를 할 수 있습니다. 물론 표현은 하나만 있는 게 아니지만, 가장 자주 사용하는 표현 몇 개만 정확하게 사용하면 되는 것입니다.

영어회화가 어렵다는 사람의 대부분은 머릿속에서 구문과 단어를 너무 복잡하게 생각해서 표현이 입 밖으로 나오지 않는 것입니다. 어렵게 생각하지 말고 일정한 기본적인 패턴을 다소 변형시키고 단어를 바꿔 넣어 자유롭게 활용해 영어회화 실력을 한 단계 업그레이드시켜 봅시다.

회화의 기초를 다지는 기본표현
영어회화를 처음 시작하는 분들을 위한 인사, 소개, 감사, 사과, 확인, 의문, 숫자·연월일·시간 표현 등 영어회화의 기본표현 15개를 차근차근 익힐 수 있습니다.

회화의 감각을 살리는 패턴 80
즉석에서 활용이 가능하도록 비슷한 문형(pattern)을 모아 80개로 분류하여 바로바로 응용할 수 있도록 하였습니다.

머리에 쏙쏙 들어오는 mp3 파일
원어민의 정확한 발음을 익힐 수 있도록 일상적인 대화 속도로 본문 내용을 녹음한 mp3 파일을 랭컴출판사 홈페이지(www.lancom.co.kr)에서 무료로 다운받으실 수 있습니다.

한글로 영어발음 표기
영어 초급자를 위해 원어민의 발음에 가깝게 한글로 발음을 표기하였습니다.

Contents

Part 1 회화의 기초를 다지는 기본표현

- Unit 01 사람을 부를 때 14
- Unit 02 만났을 때 16
- Unit 03 헤어질 때 21
- Unit 04 자기소개를 할 때 23
- Unit 05 감사의 표현 26
- Unit 06 사과의 표현 28
- Unit 07 되물을 때 30
- Unit 08 확인할 때 31
- Unit 09 맞장구 칠 때 32
- Unit 10 말문이 막혔을 때 33
- Unit 11 상대방의 말에 끼어들 때 34
- Unit 12 Yes와 No의 표현 35
- Unit 13 숫자에 관한 표현 36
- Unit 14 월·일·요일·계절에 관한 표현 39
- Unit 15 시간·방향에 관한 표현 44

Part 2 회화의 감각을 살리는 패턴 80

- Unit 01 **Are you ~?** 48
  당신은 ~입니까?
- Unit 02 **I'm from ~.** 50
  저는 ~에서 왔습니다.
- Unit 03 **This is my ~.** 52
  이것은 제 ~입니다.
- Unit 04 **I have ~.** 54
  저는 ~을 가지고 있습니다.

Unit 05	**I have ~**... 56 저는 ~이 있습니다.	
Unit 06	**I'll have ~**....................................... 58 ~를 먹겠습니다.	
Unit 07	**Can I have ~?**................................. 60 ~를 주시겠습니까?	
Unit 08	**Do you have ~?**.............................. 62 ~를 가지고 있습니까?	
Unit 09	**Do you have ~?**.............................. 64 ~는 있습니까?	
Unit 10	**Do you have ~?**.............................. 66 ~는 있습니까?	
Unit 11	**I am ~.**.. 68 저는 ~합니다.	
Unit 12	**I want ~.**... 70 ~를 주세요.	
Unit 13	**I'd like ~.**....................................... 72 ~를 주십시오.	
Unit 14	**I'd like ~.**....................................... 74 ~를 주십시오.	
Unit 15	**I'd like to ~.**................................... 76 저는 ~하고 싶습니다.	
Unit 16	**I'd like to ~.**................................... 78 저는 ~하고 싶습니다.	
Unit 17	**I want to ~.**.................................... 80 저는 ~하고 싶습니다.	
Unit 18	**I like ~ .**.. 82 저는 ~를 좋아합니다.	
Unit 19	**I don't like ~.**................................. 84 저는 ~를 좋아하지 않습니다.	
Unit 20	**I don't ~.**....................................... 86 저는 ~을 못합니다.	

Unit 21	**Could you ~?**	88
	~해 주시겠습니까?	

Unit 22	**Could you ~ me …?**	90
	저에게 …을 ~해 주시겠습니까?	

Unit 23	**Could I have ~?**	92
	~를 주시겠습니까?	

Unit 24	**Would you like ~?**	94
	~는 어떻습니까?	

Unit 25	**Would you ~?**	96
	~해 주시겠습니까?	

Unit 26	**Would you like to ~?**	98
	~하고 싶습니까?	

Unit 27	**May I ~?**	100
	~해도 됩니까?	

Unit 28	**May I ~?**	102
	~해도 됩니까?	

Unit 29	**Can I ~?**	104
	~할 수 있습니까?	

Unit 30	**I can't ~.**	106
	~할 수 없습니다.	

Unit 31	**This is ~.**	108
	저는[이것은] ~입니다.	

Unit 32	**This ~ is ….**	110
	이 ~은 …입니다.	

Unit 33	**Is this ~?**	112
	이것은 ~입니까?	

Unit 34	**Is this ~ …?**	114
	이 ~은 …입니까?	

Unit 35	**Is this ~?**	116
	이것은 ~입니까?	

Unit 36	**Does this ~ …?**	118
	이 ~은 …합니까?	

Unit 37 **Is it ~?** 120
~입니까?

Unit 38 **Is there ~?** 122
~가 있습니까?

Unit 39 **Are there any ~?** 124
~이 있습니까?

Unit 40 **Is it ~ today?** 126
오늘은 ~(요일)입니까?

Unit 41 **Is it ~ today?** 128
오늘은 ~일입니까?

Unit 42 **It's a ~ day, isn't it?** 130
~(날)이지요?

Unit 43 **It's a big ~.** 132
~가 큽니다.

Unit 44 **My room number is ~.** 134
제 방 번호는 ~입니다.

Unit 45 **~ is[are] dirty.** 136
~이 더럽습니다.

Unit 46 **I'm looking for ~.** 138
~을 찾고 있습니다.

Unit 47 **There's no ~.** 140
~가 없습니다.

Unit 48 **Show me ~.** 142
~을 보여 주십시오.

Unit 49 **Let's ~.** 144
~합시다.

Unit 50 **It's too ~.** 146
너무 ~합니다.

Unit 51 **Will you ~?** 148
~하시겠습니까?

Unit 52 **Won't you ~?** 150
~하지 않겠습니까?

Unit 53	**Do you like ~?** 152
	~을 좋아합니까?

Unit 54	**Don't you like ~?** 154
	~를 좋아하지 않습니까?

Unit 55	**Do you think ~?** 156
	~라고 생각합니까?

Unit 56	**Do I have to ~?** 158
	~해야 합니까?

Unit 57	**Who is ~?** 160
	~은 누구입니까?

Unit 58	**Who ~?** 162
	누구를[누구에게] ~합니까?

Unit 59	**Whose ~ is that?** 164
	저것은 누구의 ~입니까?

Unit 60	**What is ~?** 166
	~은 무엇입니까?

Unit 61	**What will you ~?** 168
	무엇을 ~하겠습니까?

Unit 62	**What ~ would you like?** 170
	어떤 ~이 좋겠습니까?

Unit 63	**What time ~?** 172
	몇 시에 ~합니까?

Unit 64	**What did you ~?** 174
	무엇을 ~했습니까?

Unit 65	**When can I ~?** 176
	언제 ~할 수 있습니까?

Unit 66	**When does ~ …?** 178
	언제 ~은 …합니까?

Unit 67	**When are you ~?** 180
	언제 ~할 겁니까?

Unit 68	**Which will you have ~?** 182
	~중 어느 것으로 하겠습니까?

Unit 69	**Which do you like better, ~?** 184
	~중 어느 것을 더 좋아합니까?

Unit 70	**Which is ~ …?** 186
	…은 어느 ~입니까?

Unit 71	**Which ~ are you going to (…)?** ... 188
	어느 ~에 …할 겁니까?

Unit 72	**Which ~ do I take …?** 190
	어느 ~를 타면 됩니까?

Unit 73	**Where's ~?** 192
	~은 어디에 있습니까?

Unit 74	**Where can I ~?** 194
	어디에서 ~할 수 있습니까?

Unit 75	**Where are you -ing?** 196
	어디에서 ~하고 있습니까?

Unit 76	**How can I ~?** 198
	어떻게 ~할 수 있습니까?

Unit 77	**How long ~?** 200
	얼마나 ~입니까?

Unit 78	**How much ~?** 202
	얼마나 ~합니까?

Unit 79	**How many ~ …?** 204
	얼마나 ~합니까?

Unit 80	**How ~?** 206
	얼마나 ~합니까?

기초 필수단어 208

English Conversation for Beginners

Part 1
회화의 기초를 다지는 기본표현

Unit 01 사람을 부를 때

알고 있는 사람을 부를 때

Mr. Smith 미스터르 스미스	스미스 씨
Mrs. Rose 미씨즈 로우즈	로즈 부인
Miss Wilson 미스 윌슨	윌슨 양
Edward 에드워르드	에드워드
Judy 주디	주디
Dr. Hill 닥터르 힐	힐 박사님

💬 사람을 부를 때에는 성 앞에 남성이면 Mr., 결혼한 여성이면 Mrs., 결혼하지 않은 여성이면 Miss, 미혼·기혼 구별 없이 사용하는 경칭으로 Ms.[Ms]가 있다. 그러나 Edward 등과 같이 이름을 부를 때에는 붙이지 않는다. 또한, 미국인은 직함을 중요하게 생각하므로 Dr.(= Doctor)「박사」, Prof.(= Professor)「교수」, Captain「대위(육군), 대령(해군), 선장」등의 경칭이나 계급 등은 성에 붙여서 부른다. 「스미스 선생님」은 Teacher Smith라고 하지 않고 Mr.[Mrs., Miss] Smith라고 한다.

모르는 사람을 부를 때

Sir. 선생님. 〈손위 남성에게〉
써ㄹ

Ma'am. 부인. 〈손위 여성에게〉
매앰

I say! 저, 여보세요.
아이 쎄이

Hello! 여보세요.
헬로우

💬 I say!는 영국인이 주로 쓴다. 약간 정중한 어법이며, 다음과 같이 부르는 경우도 있다.

I say, Mr. ~. 여보세요, ~씨.
Excuse me, but ~. 실례지만, ~.

위와 같이 누가 부른다면 Yes.(예.) 등으로 대답하면 된다.

Hey, Judy! 이봐, 주디!
Yoo-hoo! 이봐요!
Over here, please. 여기요.
You guys! 여러분!

격의 없는 사이에서는 위와 같이 쓰며, 공식석상이나 어른들께는 사용하지 않는다.

Unit 02 만났을 때

오전 · 오후 · 밤 인사

Good morning. 안녕하세요. 〈오전 인사〉
굿 모닝

Good afternoon. 안녕하세요. 〈오후 인사〉
굿 애프터르눈

Good evening. 안녕하세요. 〈밤 인사〉
굿 이브닝

🔹 Good night.은 「안녕히 주무세요.」라는 밤에 헤어질 때의 인사이며, 「안녕하세요.」라는 의미는 아니다.

Good morning.은 정확히 정오까지만 사용해야 한다는 것은 아니고, 점심식사 때를 사이에 두고 Good afternoon.과 혼용해서 쓸 수 있다는 정도로 생각하면 된다. 또한, 점심식사 때부터 저녁식사 때까지는 Good afternoon. 그 이후는 Good evening.을 쓴다. Good morning, Good afternoon. 등의 인사는 mórning, afternóon을 강하게 발음한다.

Good morning   Good afternoon.

이름을 부르며 인사할 때

Good morning, Mr. Johnson.
굿 모르닝 미스터ㄹ 존슨
존슨 씨, 안녕하세요.

Good afternoon, Miss White.
굿 애프터르눈 미스 와이트
화이트 씨, 안녕하세요.

Good evening, Ellen.
굿 이브닝 엘렌
엘렌, 안녕.

🔍 상대방의 이름을 알고 있을 때에는 이름을 부른다. 이름을 부르는 것이 정중하고 친근함을 나타내므로 외국인은 성가실 정도로 이름을 부르며 말하는 것이 보통이다.
친해지면 성을 부르지 않고 Min-su, John, Tom, Dick, Mary 등 이름을 부르는 것이 보통이다.

처음 만났을 때의 인사

How do you do? (↘)
하우 두 유 두
처음 뵙겠습니다.[안녕하세요.]

💬 오전·오후·저녁 등 때에 관계없이 처음 만났을 때 사용하는 인사이다. 이렇게 인사를 받으면 같은 식으로 How do you do? (↘)라고 인사한다. 상대방의 이름을 알고 있으면 How do you do, Tom?처럼 상대방의 이름을 붙여서 인사하면 좋다.

How do you do?는 의문문 형태를 취하고 있지만 묻는 것은 아니고 단순한 인사이므로 상대방의 안부를 묻는 How are you?(잘 지내세요?)와 구별된다. 따라서 How are you?의 대답으로 즐겨 쓰는 I'm fine.(좋습니다.) 등으로 대답하면 안 된다.

안부를 묻는 인사

A How are you?[How are you today?]
하우 아르 유   하우 아르 유 투데이
어떻게 지내십니까?[오늘은 어떻습니까?]

B (I'm) Fine, thank you, and (how are) you?
(아임) 파인 땡큐 앤 (하우 아르) 유
잘 지냅니다. 감사합니다. 당신은 어떻습니까?

A I'm fine, too. Thank you.
아임 파인 투   땡큐

덕분에 저도 잘 지냅니다. 감사합니다.

💬 「잘 지내다, 좋다」라는 의미로 Fine. 이외에 Very well, Quite well, All right. 등이 있다. 또한 단순한 인사이므로 잘 지내지 않더라도 위와 같이 인사하는 것이 보통이다.

How are you?의 인토네이션 차이에 주의하자.

How are you? 〈처음에 만나 인사할 때〉

How are you? 〈인사에 대답하고 나서 되물을 때〉

건강상에 문제가 있어 잘 지내지 못할 때는

I'm not well. I have a cold.
좋지 않습니다. 감기에 걸렸습니다.

I'm not well. I'm feverish.
좋지 않습니다. 열이 있습니다.

라고 하면 된다.

가벼운 인사

Hello.   안녕.
헬로우

Hello, Tom!   안녕, 톰!
헬로우 탐

🍃 친구, 동료 등 친근한 사이에 사용한다. 점원과의 인사도 Hello! 정도면 된다. Hello.는 Hallo, Hullo.라고 쓰기도 한다. Hi!(안녕!)도 흔히 쓰는 가벼운 인사이다.

Unit 03 헤어질 때

작별 인사

Good-by.
굿 바이
안녕히 가세요[계세요].

See you again.
씨 유 어겐
또 만납시다.

See you next Saturday.
씨 유 넥슷 쎄러ㄹ데이
다음 주 토요일에 만납시다.

See you later.
씨 유 레이러ㄹ
나중에 봅시다.

So long.
쏘 롱
안녕.

💬 헤어질 때의 인사는 Good-by(e).가 일반적이다. by(e)의 e는 있어도 되고 없어도 된다. See you ~.는 다시 만날 가능성이 없을 때는 쓰지 않는다. So long.은 친한 사이에 사용하는 가벼운 인사이다.

만났을 때의 인사인

Good morning. (↗) 〈오전〉
Good afternoon. (↗) 〈오후〉
Good evening. (↗) 〈저녁〉
Good night. (↗) 〈밤〉

등도 말끝을 올려서 발음하면 헤어질 때의 인사가 된다.

여행, 출장 등으로 멀리 가는 사람에게는

Good luck. 행운을 빌어요.
Bon voyage. 안녕히 다녀오십시오.

라고 인사할 수도 있다.

위와 같이 인사를 받으면 Thank you very much. (대단히 감사합니다.)라고 대답한다.

Unit 04 자기소개를 할 때

이름을 말할 때

My name is Mi-sun.
마이 네임 이즈 미선
제 이름은 미선입니다.

My name is Chul-su Lee.
마이 네임 이즈 철수 리
제 이름은 이철수입니다.

영어로 성명을 말할 때에는 이름(first name 또는 given name)을 먼저 말하고 성(last name 또는 family name)은 뒤에 말한다. 한국인의 이름에 익숙하지 않은 외국인이 알아들을 수 있도록 천천히 말해 준다.
I am ~ .(저는 ~입니다.)보다는 My name is ~.(제 이름은 ~입니다.)를 많이 쓴다.
상대방의 이름을 물을 때는 다음과 같이 말한다.

What's your name? * what's = what is
이름이 뭐에요?

Your name, please.
이름을 말해 주세요.

Excuse me, but may I have your name?
실례지만, 성함을 말씀해 주시겠습니까?

출신지를 말할 때

A **Where are you from?**
웨어르 아르 유 프럼
어디 출신입니까?

B **I'm from Seoul, Korea.**
아임 프럼 써울 코리아
저는 한국, 서울에서 왔어요.

출신지는 도시, 지방, 나라의 이름 등을 말한다.

I'm from Korea.
저는 한국에서 왔습니다.

He's from San Francisco.
그는 샌프란시스코 출신입니다.

한국에서 「출신지」는 본적이나 태어난 장소를 말하지만, 미국에서는 「태어난 장소(A)」와 「자란 장소(B)」가 달라도 사람에 따라서 B가 A보다 관계가 깊으면 I am from B.라고 한다.
태어난 곳은 다음과 같이 말한다.

I was born in New York.
저는 뉴욕에서 태어났습니다.

신분 · 직업을 말할 때

I am a high school student.
아이 앰 어 하이 스쿨 스튜던트
저는 고등학생입니다.

I am a bank clerk.
아이 앰 어 뱅크 클럭
저는 은행원입니다.

I work for a trading company.
아이 워르크 풔러 트레이딩 컴퍼니
저는 무역회사에 근무합니다.

work for ~는 「(~회사)에 근무한다」 라는 의미이다. 여행 등에서 우연히 다른 사람과 만나게 되어 자세히 자신의 신분 · 직업을 말할 필요가 없을 때에는 다음과 같이 말한다.

I am a tourist (from Korea).
저는 한국에서 온 관광객입니다.

Unit 05 감사의 표현

Thank you.
땡큐
감사합니다.

Thanks!
땡스
감사합니다.

Thank you very much.
땡큐 베리 머취
대단히 감사합니다.

Thank you, Mr. Brown.
땡큐 미스터ㄹ 브라운
브라운 씨, 감사합니다.

Thanks a lot, Bob.
땡스 어 랏 밥
밥, 대단히 고마워요.

It's very kind of you.
잇츠 베리 카인더브 유
감사합니다.

You're welcome.
유어ㄹ 웰컴
천만에요.

Not at all.
나래롤
천만에요.

Don't mention it.
돈트 맨셔닛
천만에요.

Thank you. / Thanks.는 손위 사람에게는 그다지 사용하지 않는다.
손위 사람에게는 Thank you very much.나 상대방의 이름을 붙여서 Thank you, Mr. Brown.이라고 한다.

You're welcome.은 미국인이 자주 사용하는 말이다. Not at all.도 You're welcome.과 같은 의미이며 감사의 말을 듣고 대답하는 「천만에요.」라는 의미이다.

Don't mention it.의 mention은 「~에 관해서 언급하다.」라는 뜻인데 이것을 직역하면 「그런 말은 하지 말아 주십시오.」라는 의미로, 결국 「그런 것은 신경 쓰지 마세요.」의 의미가 된다.

Unit 06 사과의 표현

I'm sorry.
아임 쏘리
죄송합니다.[미안합니다.]

Excuse me.
익스큐즈 미
죄송합니다.[실례합니다.]

I beg your pardon. (↘)
아이 백 유어ㄹ 파ㄹ든
실례합니다.

Not at all.
나래롤
천만에요.

Don't mention it.
돈 맨셔닛
천만에요.

That's all right.
댓츠 올 롸잇
괜찮아요.

It doesn't matter.
잇 더즌 매러ㄹ
상관없습니다.

I'm sorry.는 타인에게 폐를 끼쳤거나 실례된 일을 했을 때 하는 말이며, 사과할 필요가 없을 때는 사용하지 않는다. 한국인은 I'm sorry.를 지나치게 사용

하는 경향이 있다. 예를 들면, 다른 사람이 길을 물을 때 I'm sorry, I don't know.(미안하지만, 모르겠습니다.)라고 하는데 이럴 때에는 I don't know.라고만 하면 된다.

Excuse me.는 매우 다양하게 쓸 수 있는 말이다. 부탁할 때 「실례지만, …」이라고 먼저 말하고 나서 용건을 말하며, 다른 사람의 앞을 지나쳐 갈 때, 잠시 자리를 뜰 때, 엘리베이터나 전철 등에서 내리려고 길을 좀 비켜 달라고 할 때 등에도 사용한다. 또한, 다른 사람의 발을 밟았을 때, 기침이나 재채기, 하품을 했을 경우 등 실례를 사과할 때에도 Excuse me.를 쓴다. 경우에 따라서는 상대방이 Excuse me.라고 했을 때 Excuse me.라고 대응해도 좋을 정도로 편리한 말이다.

* I beg your pardon. (↘) (실례했습니다.)을 올려서(↗) 발음하면「다시 한 번 말씀해 주십시오.」라는 의미가 된다.

Unit 07 되물을 때

I beg your pardon? (↗)
아이 백 유어ㄹ 파ㄹ든
다시 한 번 말씀해 주십시오.

I don't understand you.
아이 돈 언더ㄹ스탠듀
말씀하신 것을 모르겠습니다.

Please speak more slowly.
플리즈 스픽 모어ㄹ 슬로우리
더 천천히 말씀해 주십시오.

상대가 말하는 것을 모르거나 듣지 못했는데도 적당하게 대답하는 것은 상대방에 대한 실례이다. "I beg your pardon. (↘)"이라고 하강조로 말하면 「미안합니다, 실례했습니다.」라는 의미가 된다. 되물을 때에는 상승조로 해야 한다. 간단히 "Beg your pardon?"도 좋다.

위와 같은 말 외에 "Once more.(한 번 더.) / Once again.(다시 한 번.)"이 있지만 이런 말은 뒤에 please를 붙이더라도 명령적이므로 상황에 따라서는 상대방에게 실례가 될 수도 있다. 사용하는 때나 장소에 주의하자.

Unit 08 확인할 때

Do you understand me? (↗)
두 유 언더ㄹ스탠 미
제가 말한 것을 알겠습니까?

Do you get me? (↗) * get = understand
두 유 겟 미
제가 말한 것을 알겠습니까?

Do you follow me? (↗)
두 유 팔로우 미
제가 말한 것을 이해하겠습니까?

Can you follow me? (↗)
캔 유 팔로우 미
제가 말한 것을 이해하겠습니까?

Yes, I understand you very well.
예스 아이 언더ㄹ스탠쥬 베리 웰
예, 잘 이해하고 있습니다.

상대가 자신의 말을 이해했는지 확인할 때는 Do you understand?(이해하시겠어요?) 또는 See?(알겠어?) / You got it?(알겠어?)이라고 한다. 이에 대한 응답으로 상대의 말에 이해했을 때는 I understand.(이해했어요.)라고 하고, 반대로 이해하지 못했을 때는 I don't understand.(이해가 안 되는데요.)라고 표현한다. 되물을 때는 Pardon me?(다시 한 번 말씀해 주시겠어요?)라고 한다.

Unit 09 맞장구 칠 때

Is that so? (↗) 그렇습니까?
이즈 댓 쏘

Is that right? (↗) 그렇습니까?
이즈 댓 롸잇

I see. (↘) 그렇군요.
아이 씨

Really? (↗) 그래요?
리얼리

상대방이 말하고 있는데 반응을 하지 않는 것은 실례이며 또한 상대가 말하고 있는 것을 모르면서도 맞장구치는 것은 더욱 실례이다.

맞장구를 칠 때는 일반적으로 하강조이지만, Really?는 상승조로 하는 것이 보통이다.

Huh-hu (↗) / H'm-h'm (↗)은 수긍하며 대답하는 말이다.

Unit 10 말문이 막혔을 때

Well ….
웰

저 ….

Well, let me see ….
웰 렛 미 씨

저 ….

Wait a moment.
웨이러 모우먼트

잠깐만 기다리세요.

영어를 자유롭게 구사하는 사람도 적절한 말이 생각나지 않아 말문이 막힐 때가 있다. 더구나 영어에 능숙하지 않은 사람이 여러 가지 질문을 받고 즉시 대응하기는 어려운 일이다. 순간적으로 다음 말이 떠오르지 않을 때나 생각이나 응답을 할 시간을 얻고 싶을 때는 Well ….이라고 약간 낮은 어조로 말하면 된다. 회화가 끊기지 않게 하기 위해서는 Well ….을 쓰면 된다고 알아두자.

Unit 11 상대방의 말에 끼어들 때

May I interrupt you? (↗)
메이 아이 인터럽츄
말씀 중 실례합니다.

Excuse my interrupting you ….
익스큐즈 마이 인터럽팅 유
말씀 중 실례합니다.

Now just listen to me. (↘)
나우 저슷 리슨 투 미
저, 잠깐 제가 말하는 것을 들어 주십시오.

Listen! (↗)
리슨
들어보세요!

상대의 말을 가로막을 때에는 위와 같이 말한다. Listen! 등은 친근한 사이에 쓴다. 또한, 상대의 말에 수긍하면서 Yes, but ….(그런데요 ….)이라고 해도 된다.

Unit 12 Yes와 No의 표현

A Do you like tomato juice? (↗)
두 유 라익 토메이도 주스
토마토 주스 좋아합니까?

B No, (↘) I don't. (↘)
노우 아이 돈
아뇨, 좋아하지 않습니다.

A Don't you like tomato juice? (↗)
돈츄 라익 토메이도 주스
토마토 주스 좋아하지 않습니까?

B No, (↘) I don't. (↘)
노우 아이 돈
예, 좋아하지 않습니다.

Yes와 No는 간단한 말이지만 혼동하는 사람이 많다. Are you a Korean?(당신은 한국인인가요?)이라고 묻든, Aren't you a Korean?(당신은 한국인이 아닌가요?)이라고 묻든 당신이 한국인이라면 대답은 Yes.가 된다.

Aren't you a Filipino?(당신은 필리핀 사람이 아닌가요?)라는 질문에 Yes.라고 대답하면 당신은 필리핀 사람이 된다. 상대방의 질문이 긍정문이든 부정문이든 관계없이 긍정의 대답이면 Yes, 부정의 대답이면 No라고 말한다.

Unit 13 숫자에 관한 표현

1. 기수 · 서수

	기수	서수
1	one	first
2	two	second
3	three	third
4	four	fourth
5	five	fifth
6	six	sixth
7	seven	seventh
8	eight	eighth
9	nine	ninth
10	ten	tenth
11	eleven	eleventh
12	twelve	twelfth
13	thirteen	thirteenth
14	fourteen	fourteenth
15	fifteen	fifteenth
16	sixteen	sixteenth
17	seventeen	seventeenth
18	eighteen	eighteenth
19	nineteen	nineteenth
20	twenty	twentieth

21	twenty-one	twenty-first
22	twenty-two	twenty-second
23	twenty-three	twenty-third
30	thirty	thirtieth
40	forty	fortieth
50	fifty	fiftieth
60	sixty	sixtieth
70	seventy	seventieth
80	eighty	eightieth
90	ninety	ninetieth
100	one hundred	one hundredth
101	one hundred (and) one	one hundred (and) first
102	one hundred (and) two	one hundred and second
111	one hundred (and) eleven	one hundred and eleventh

1,000	one thousand
1,986	one thousand nine hundred (and) eighty-six
10,000	ten thousand
100,000	one hundred thousand

2. 연도

1452년	fourteen fifty-two
1997년	nineteen ninety-seven

* 두 자리씩 끊어 읽는다.

3. 전화번호

971-2305	nine-seven-one, two-three-oh-five

* 한 자리씩 읽는다.
* 0은「제로」라고 해도 되지만 보통「오」(oh 또는 0이라고 쓴다)라고 읽는다.

* 기타 일반 숫자를 읽을 때 기수에서 100 이상의 수는 hundred 다음에 and를 넣어 읽는 것이 보통이나 영국 영어에서는 생략하는 경우가 많다.
예를 들어 175는 one[a] hundred [and] seventy-five라 읽는다.
백의 자리에는 hundred를, 천의 자리에는 thousand를, 백만의 자리에는 million을 붙여 읽되, 백 단위로 세 자리씩 끊어 읽는다.

Unit 14 월·일·요일·계절에 관한 표현

1. 월·일

1월	January (Jan.)
2월	February (Feb.)
3월	March (Mar.)
4월	April (Apr.)
5월	May (May)
6월	June (Jun.)
7월	July (Jul.)
8월	August (Aug.)
9월	September (Sept.)
10월	October (Oct.)
11월	November (Nov.)
12월	December (Dec.)
1월 1일	January (the) first (New Year's Day)
7월 4일	July (the) fourth (Independence Day)
10월 19일	October (the) nineteenth
12월 12일	December (the) twelfth

* 1월 1일은 the first of January라고도 한다.

2. 요일

일요일	Sunday (Sun.)
월요일	Monday (Mon.)
화요일	Tuesday (Tue.)
수요일	Wednesday (Wed.)
목요일	Thursday (Thu.)
금요일	Friday (Fri.)
토요일	Saturday (Sat.)
월요일 아침	Monday morning
금요일 저녁	Friday evening
다음 화요일	next Tuesday
다음 주 오늘	this day next week

미국의 국경일

New Year's Day	새해 첫날, 1월 1일
Martin Luther King Jr. Day	1월 셋째 월요일
Washington's Birthday	2월 셋째 월요일
Easter Sunday	3월 하순~4월 상순
Memorial Day	5월 마지막 월요일
Independence Day	7월 4일
Labor Day	9월 첫째 월요일
Columbus Day	10월 둘째 월요일
Veteran's Day	11월 11일

Thanksgiving Day	11월의 넷째 목요일
Christmas	12월 25일

영국의 국경일

New Year's Day	새해 첫날, 1월 1일
Good Friday	부활절을 전후한 주말
Easter Monday	부활절 다음 첫 월요일
Early May Bank Holiday	5월 첫째 월요일
Spring Bank Holiday	5월 마지막 월요일
late Summer Holiday	8월 마지막 월요일
Christmas Day	12월 25일
Boxing Day	12월 26일

* 영국에서는 지역에 따라 경축일이 다소 다르다. 북아일랜드에서는 위의 경축일 이외에도 St. Patrick's Day(3월 17일)를 기념한다. 스코틀랜드에서는 Easter Monday는 기념하지 않는다.

3. 계절

봄	spring	여름	summer
가을	fall[autumn]	겨울	winter

* autumn은 영국에서 주로 쓴다.

It's warm in (the) spring. 봄은 따뜻하다.
It's cold in (the) winter. 겨울은 춥다.

* 미국에서는 the를 붙인다.

I like the fall better than the spring.
저는 봄보다 가을을 더 좋아합니다.

4. 날씨

맑을 때

(It's) Fine day, isn't it?
Isn't this a lovely day?
좋은 날씨죠?

It's looks like it's going to clear up.
개일 것 같군요.

It's beginning to clear up.
개기 시작했어요.

흐리거나 비가 올 때

It's cloudy today, isn't it?
오늘은 흐리죠?

It looks like rain, doesn't it?
비가 올 것 같군요.

What a heavy rain!
비가 세차게 내리는군요.

바람이 불 때

What a windy day!
There's quite a bit of wind today.
오늘은 바람이 몹시 부는군요.

It's blowing hard outside, isn't it?
밖에는 바람이 심하게 불죠?

따뜻하거나 추울 때

What a hot[cold, cool] day!
몹시 더운[추운, 시원한] 날이군요.

It's rather hot, isn't it?
좀 덥지요?

It's very humid, isn't it?
몹시 무덥지요?

Unit 15 시간·방향에 관한 표현

1. 시간

What time is it? 지금 몇 시입니까?
왓 타임 이짓트

It's one o'clock. 1시입니다.
잇츠 원 어클락ㅋ

It's twelve o'clock. 12시입니다.
잇츠 트웰브 어클락ㅋ

It's two fifteen. 2시 15분입니다.
잇츠 투 피프틴

It's three thirty. 3시 30분입니다.
잇츠 쓰리 써리

Is it four fourteen or four forty?
이짓 풔르 풔르틴 오어르 풔르 풔리
4시 14분입니까, 4시 40분입니까?

It's ten (minutes) past nine. 9시 10분입니다.
잇츠 텐 (미닛츠) 패슷 나인

It's half past ten. 10시 반입니다.
잇츠 해프 패슷 텐

It's a quarter to eleven. 11시 15분 전입니다.
잇츠 어 쿼러르 투 일레븐

* 30분까지는 past를 쓰고, 30분이 지나면 to를 쓰지만, 시간을 말할 때에는 시, 분 순서로 one fifteen(1시 15분)이라고 하면 편리하다.

「~시에」라고 할 때는 at을 쓴다.

Please come at two.
2시에 오십시오.

Please wake me up at seven.
7시에 깨워 주세요.

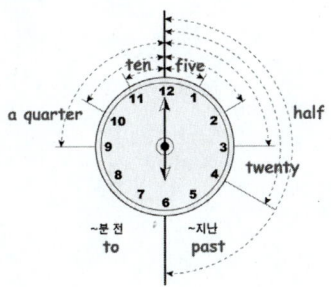

2. 방향

East [E] 이스트 동   West [W] 웨스트 서
South [S] 사우스 남   North [N] 노르스 북

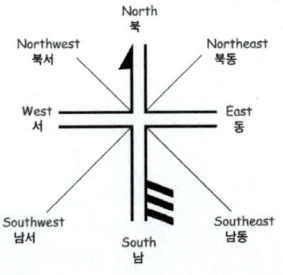

English Conversation
for Beginners

Part 2

회화의 감각을 살리는 패턴 80

당신은 ~입니까?

Unit 01 Are you ~?

당신은 박 선생님입니까?
Are you Mr. Park?
아르 유 미스터르 박

아니오. 저는 백입니다.
No, I'm Baek.
노우 아임 백

Are you 아르 유	Mrs. Ward? 미씨즈 워르드	
	Miss Kim? 미스 킴	
	a business man? 어 비즈니스 맨	
	a tourist? 어 투어리스트	
	a Chinese? 어 차이니즈	
당신은	워드 씨 김 선생님 사업가 관광객 중국인	입니까?

회화를 Up시키는 Tips

Are you ~?로 묻는다면

A Are you Mr. Smith?
당신은 스미스 선생님입니까?

B Yes, I am.
예, 그렇습니다.

No, I'm not.
아니오, 그렇지 않습니다.

Yes, No.로 간단히 대답해도 좋다. No.일 때는 I'm Baek.(저는 백입니다.)이라고 덧붙이는 것이 좋다.

저는 ~에서 왔습니다.

Unit 02 I'm from ~.

저는 한국에서 왔습니다.
I'm from Korea.
아임 프럼 코리아

I'm from 아임 프럼	Seoul. 서울
	Gaeonggi Province. 경기 프러빈스
	Busan. 부산
	Germany. 저르머니
	South America. 싸우스 어메리카

| 저는 | 서울
경기도
부산
독일
남미 | 에서 왔습니다. |

회화를 Up시키는 Tips

I'm from ~.

Where are you from?(당신은 어디에서 왔습니까?)의 대답이 I'm from ~.이면 「~출신입니다.」라는 의미가 된다. I'm from ~. 대신 I come from ~.을 써도 좋다.

Where are you from?에 번지까지 자세하게 대답할 필요는 없다. Korea(한국)가 어디에 있는지 모르는 사람도 있으므로 대강의 것만을 말하면 된다.

세계의 여러 나라

Australia 호주
Canada 캐나다
Egupt 이집트
France 프랑스
India 인도
Japan 일본
Mexico 멕시코
Singapore 싱가포르
Switzerland 스위스
Vietnam 베트남
the Philippines 필리핀

Brazil 브라질
China 중국
England 영국
Germany 독일
Italy 이탈리아
Malaysia 말레이시아
Russia 러시아
Spain 스페인
Turkey 터키
the Netherlands 네덜란드
the United States (of America) 미국

Unit 03

이것은 제 ~입니다.

This is my ~.

이것은 제 가방입니다.
This is my suitcase.
디스 이즈 마이 숫케이스

This is 디스 이즈	**my** 마이	**passport.** 패스포르트
		wallet. 월릿
		friend. 프랜드
		guest. 게스트
	mine. 마인	

| 이것[분]은 제 | 여권
지갑
친구
손님
것 | 입니다. |

Part 2. 회화의 감각을 살리는 패턴 80

회화를 Up시키는 Tips

This is my ~.

자신의 것은 자신의 것이라고 확실히 주장하는 것이 중요하다. 특히, 여행가방은 같은 형태, 같은 색이 많아서 혼동하기 쉬우므로 확실한 표시를 해두지 않으면 공항 등에서 찾을 때 고생한다. 자신의 가방이면 This is my suitcase.라고 확실히 말한다. 여행가방의 허용중량은 항공기마다 다르고, 이것을 초과하면 요금을 내야 하므로 미리 확인하도록 한다.

This is mine.

이것은 편리한 표현이다. 자신의 것이라면 어떤 것이라도 This is mine.이라고 하면 된다. 두 개 이상이면, These are mine.이라고 한다.

Unit 04 I have ~.

저는 ~을 가지고 있습니다.

저는 사전을 가지고 있습니다.
I have a dictionary.
아이 해버 딕셔네리

I have 아이 해브	a ring. 어 링
	a reserved seat. 어 리저ㄹ브드 씻
	one box of cigars. 원 박스 업 시가ㄹ즈
	two cartons of cigarettes. 투 카ㄹ튼즈 업 시가렛츠
	six bottles of whisky. 씩스 바를즈 업 위스키

저는	반지를	가지고 있습니다.
	지정석권을	
	시가 1상자를	
	담배 2보루를	
	위스키 6병을	

회화를 Up시키는 Tips

I have ~.

Do you have ~?(~을 가지고 있습니까?) 또는 What do you have?(무엇을 가지고 있습니까?)라고 물으면 보통, I have ~.로 대답한다.

「카메라 1개」일 때는 a camera 또는 one camera라고 하고 「2개」면 two cameras라고 복수형인 -s를 붙인다는 점에 주의하자.

「그는(He) ~, 제 처는(My wife) ~」 등은 He has ~, My wife has ~.가 된다.

He has a video camera.
그는 비디오카메라를 가지고 있습니다.

My wife has two bottles of perfume.
제 처는 향수를 2병 가지고 있습니다.

소지품

소지품도 I have ~.라고 말한다.

a gift	선물 하나
a lighter	라이터 하나
three ten-dollar bills	10달러 지폐 3장
some small coins	동전 조금
a ticket	표 한 장
a boarding pass	탑승권 한 장

Unit 05 I have ~.

저는 ~이 있습니다.

저는 열이 있습니다.
I have a fever.
아이 해버 피버ㄹ

I have 아이 해브	a cold. 어 코울드
	a toothache. 어 투스에이크
	a pain. 어 페인
	a sore throat. 어 소어ㄹ 스롯트
	diarrh(o)ea. 다이어리아

저는	감기에	걸렸습니다.
	이가	아픕니다.
	통증이	있습니다.
	목이	아픕니다.
	설사를	합니다.

회화를 Up시키는 Tips

have

have는 「가지고 있다」라는 의미 외에 여러 가지를 표현할 수 있다. 몸이 아플 때에도 have를 쓴다. 「그는 ~, 그녀는 ~」인 경우는 He has ~, She has ~.가 된다.

He has a fever.   그는 열이 있다.

증상

have a headache	머리가 아프다
have a stomachache	배가 아프다
have a cough	기침이 난다
have a chill	오한이 있다
feel dizzy	어지럽다
feel queasy	매스껍다

약

cold medicine	감기약
a medicine for the cut	외상약
tablet	정제
pill	알약
powder	가루약
liquid medicine	물약
ointment	연고
bandage	붕대
plaster	반창고

Unit 06

~를 먹겠습니다.

I'll have ~.

저는 스테이크를 먹겠습니다.
I'll have a stake.
아일 해버 스테이크

I'll have 아일 해브	**coffee, please.** 커피 플리즈
	beer, please. 비어ㄹ 플리즈
	some fruit. 썸 프룻ㅌ
	orange juice. 오린쥐 주스
	coke. 코우크

커피를	마시[먹]겠습니다.
맥주를	
과일을	
오렌지주스를	
콜라를	

회화를 Up시키는 Tips

I'll have ~.

What would you have?(무엇을 드시겠습니까?)라고 식사 주문을 받으면, I'll have ~.라고 대답할 수도 있고, 원하는 것을 A steak.라고 말해도 좋다.

I'll ~.은 I will ~.의 단축형이고, 회화에서는 이처럼 단축형을 쓴다. 또, He, She 등의 경우에는 He'll have ~. (= He will have ~.), She'll have ~.(= She will have ~.) 가 된다. 이때는 has를 쓰지 않는다는 점에 주의하자.

He'll have fried fish.
그는 생선튀김을 먹습니다.

some

some은 편리한 말로 수량 등을 정확히 모를 때 사용한다. some fruit(약간의 과일)이라고 하면 orange, melon 등으로 말할 필요가 없다.

Do you have some fruit?
과일 좀 있습니까?

이라고 묻는 것도 좋다.

Unit 07 Can I have ~?

~를 주시겠습니까?

물을 주시겠습니까?
Can I have some water?
캔 아이 해브 썸 워러르

| Can I have
캔 아이 해브 | some orange juice?
썸 오린쥐 주스

some vitamins?
썸 바이타민스

the wine list?
더 와인 리스트

rice with my meal?
라이스 위드 마이 밀

two tickets for the Tuesday performance?
투 티킷츠 풔르 더 튜즈데이 퍼르풔르먼스 |

오렌지 주스를	주시겠습니까?
비타민 좀	
와인 목록을	
식사에 밥을	
화요일 공연표 2장을	

회화를 Up시키는 Tips

Can I have ~?

레스토랑 등에서 「물을 주십시오.」라고 할 때는 "Water, please."라고만 해도 물을 얻을 수 있지만, "Can I have some water?"라고 하면 훌륭한 영어가 된다.

Can I have ~?(~를 주시겠습니까?)의 can 대신 may(~해도 좋다)를 써도 같은 의미가 된다.

performance(공연)

curtain	막
ticket	표
intermission	휴식시간
program	프로그램
ticket office	매표소
theater	극장
matinee	주간공연
soiree	야간공연
standing room	입석
reserved seat	지정석
stage	무대
opera	오페라
concert	음악회
recital	독주회, 리사이틀
play	연극
musical	뮤지컬

Unit 08 Do you have ~?

~를 가지고 있습니까?

컴퓨터를 가지고 있습니까?
Do you have a computer?
두 유 해버 컴퓨러ㄹ

| **Do you have**
두 유 해브 | **any other baggage?**
애니 아더ㄹ 베기쉬

anything to declare?
애니씽 투 디클레어ㄹ

any gifts?
애니 깁스

any cigarettes?
애니 시가렛츠

a transit card?
어 트렌짓 카드 |

| 당신은 | 다른 수하물을
신고할 것을
선물을
담배를
통과권을 | 가지고 있습니까? |

회화를 Up시키는 Tips

declare(신고하다)

공항의 세관에서

Do you have anything to declare?

라고 물으면 대부분의 경우, 대답은 "No."라고 하면 된다. 개인 소지품은 personal things 또는 personal effects라고 한다. 선물은 gifts이다. 선물이 지나치게 많으면 과세 대상이 된다. camera 등을 2~3개 이상 가지고 있는 경우는 개인용품으로 판매하지 않을 것이라는 것을 증명해야 한다. 그러므로 새 케이스에 넣어두지 않는 것이 좋다.

transit card(통과승객용 카드)

도중에 급유 등의 이유로 공항에 항공기가 기항할 때, 비행기를 나와야 하는 경우가 있다. 그때 받는 카드가 transit card이다. 이것은 다시 탑승할 때 스튜어디스에게 건네주어야 하므로 보관을 잘 해두어야 한다. transit인 경우는 공항 밖으로 나갈 수 없다.

Unit 09 Do you have ~?

~는 있습니까?

립스틱은 있습니까? 〈상점에서〉

Do you have any lipstick?
두 유 해브 애니 립스틱

Do you have 두 유 해브	**another** 어나더ㄹ	**color?** 컬러ㄹ
		pattern? 패턴
	a smaller 어 스몰러ㄹ **a bigger** 어 비거ㄹ	**size?** 사이즈
	any vacant rooms? 애니 베이컨 룸스	

다른	색은	있습니까?
	무늬는	
더 작은	사이즈는	
더 큰		
빈 방은		

회화를 Up시키는 Tips

Do you have ~?

Do you have ~?는 상대가 무엇인가를 가지고 있는지 묻는 표현이다.

Do you have a film? 필름은 가지고 있습니까?

처럼 사용하는데, 여기에서는 상점 등에서 「~(물건)이 가게에 있습니까?」의 의미로도 쓴다.

쇼핑(shopping)할 때에도 원하는 물건이 어디에 있는지 찾지 못할 경우가 있다. 이럴 때 점원(clerk)에게 Do you have ~?라고 물어보자.

size에 관하여

size는 한국, 미국, 유럽이 각각 다르다. 한국에서 사용하는 사이즈로 말하면 대화가 통하지 않을 수도 있으므로 그때는

Tell me my size, please. 제 사이즈를 가르쳐 주십시오.

라고 말하면, 점원이 재 주던지, 점원의 짐작으로

You look like a size 36. 36인치 같습니다.

Try this on. 이것을 입어 보십시오.

등으로 말해준다.

탈의실(fitting room)에서 입어보고 나서 마음에 들지 않으면 사지 않아도 된다. 그때에는

I don't like this one. 이것은 마음에 들지 않습니다.
This is too expensive. 너무 비쌉니다.
Do you give discounts? 깎아 주시겠습니까?

등으로 말하면 된다.

Unit 10 Do you have ~?

~는 있습니까?

청량음료는 있습니까?

Do you have any soft drinks?
두 유 해브 애니 소프트 드링스

Do you have 두 유 해브	any sandwiches? 애니 샌드위치스 a tuna fish salad? 어 튜너 피시 샐러드 onion soup? 어니언 숩 beef curry? 비프 커리 hot cakes? 핫 케익스
샌드위치는 참치 샐러드는 양파 수프는 비프 카레는 핫 케이크는	있습니까?

회화를 Up시키는 Tips

sandwich

점심식사(lunch)로 카페테리아(cafeteria) 등에서 햄버거(hamburger)나 샌드위치(sandwich)를 먹을 경우, 직접 음식을 가리키며

This, please. 이것을 주세요.

라고 하면 간단히 주문할 수 있다. 혼잡하지 않으면

What's this? 이것은 뭐죠?

라고 음식에 대해 물어볼 수도 있다. 샌드위치도 지역에 따라서 여러 종류가 있다. 아이스크림(ice cream)도 Ice cream, please.(아이스크림 주세요.)라고만 주문해서는 아이스크림을 먹을 수 없는 경우도 있다. 많은 종류의 아이스크림이 있기 때문이다.

hot cake

핫 케이크(hot cake)는 pan cake라고도 한다. 핫 케이크는 두껍고 크며 3중으로 되어 있는 게 대부분이다. 그래서 "Two hot cakes, please."라고 주문해서는 6장을 먹어야 하는 경우도 생긴다. 잘 알아보고 주문하는 게 좋다.

저는 ~합니다.

Unit 11 I am ~.

저는 목이 마릅니다.
I'm thirsty.
아임 써르스티

I'm 아임	hungry. 헝그리
	tired. 타이어르드
	cold. 코울드
	busy. 비지
	alone. 얼론

저는	배가 고픕니다.
	피곤합니다.
	춥습니다.
	바쁩니다.
	혼자입니다.

회화를 Up시키는 Tips

I'm thirsty. (목이 마르다.)

여행을 하면 피곤해서 목이 마른 경우가 있다. 특히 모르는 지역에서는 더욱 그렇다.
목이 마르다고 해서 한국이나 미국에서처럼 아무 물이나 마셔서는 안 된다. I'm thirsty.라고 근처에 있는 사람에게 말해 보자.

음료

water 물	mineral water 생수
coffee 커피	tea 차
green tea 녹차	juice 주스
soft drink 청량음료	Coke 콜라
milk 우유	hot chocolate 코코아
liquor 술	beer 맥주
champagne 샴페인	wine 포도주
cocktail 칵테일	vodka 보드카

Unit 12

~를 주세요.

I want ~.

목걸이를 주세요.

I want a necklace.
아이 원트 어 넥크리스

I want 아이 원트	this. 디스
	a brier pipe. 어 브라이어ㄹ 파입
	five 10-cent stamps. 파입 텐-센츠 스탬스
	some medicine for a cold. 썸 메디슨 풔러 코울드
	a map of this town. 어 맵 어브 디스 타운

저에게	이것을	주세요.
	브라이어 파이프를	
	10센트짜리 우표 5장을	
	감기약을	
	이 도시의 지도를	

회화를 Up시키는 Tips

I want ~.(~를 주세요.)

want는 「~을 원하다」라는 의미이다. 무언가를 사고 싶을 때는 I want ~.라고 하면 된다. 정중히 말하려면 I'd like some medicine for a cold.라고 한다.

souvenir(기념품)

한국인은 기념품을 지나치게 사거나, 돈을 잘 쓴다고 알려져 있다. 다음과 같은 표현을 이용해서 흥정을 해 보자.

Do you give discounts? 할인해 줍니까?
Make this cheaper. 깎아주세요.

또한, 물건이 마음에 들지 않으면 다음과 같이 말한다.

I don't like this. 이것은 마음에 들지 않습니다.
I don't want this. 이것을 원하지 않습니다.

그 밖의 물건들

cosmetics 화장품	perfume 향수
tie 넥타이	pendant 펜던트
earrings 귀걸이	brooch 브로치
Havana 하바나 〈담배〉	toy 장난감

Unit 13

~를 주십시오.

I'd like ~.

잔돈을 주십시오.

I'd like some change.
아이드 라익 썸 체인지

I'd like 아이드 라익	a transfer. 어 트렌스풔르 a belt. 어 벨트 ten scarves. 텐 스카르브즈 a suit. 어 숫 the dress in the window. 더 드레스 인 더 윈도우
저에게	환승표를 벨트를 스카프 10장을 양복 1벌을 진열장 속의 드레스를 주십시오.

회화를 Up시키는 Tips

I'd like ~.

I'd like ~.은 I would like ~.의 단축형으로 「~를 주십시오.」라는 의미이다. I would like[아이 우드 라익]으로 발음하지 말고 I'd like[아이들 라익]으로 발음한다. [들]이 거의 들리지 않아서 I like[아일 라익]으로 들릴 수도 있다. I want ~.보다 정중한 말이며 이렇게 말하는 것이 좋다.

change

「잔돈」은 change 또는 small change라고 하며 항상 지니고 다녀야 한다. 외국의 공항에 도착하면, 바로 환전(exchange)해서 약간의 small change를 교환해 둔다. 잔돈이 없으면 택시요금, 팁, 버스요금 등의 지불에 곤란을 겪게 되며 이런 경우 여행자 수표(traveler's check)는 쓸 수 없다.

Unit 14 ~를 주십시오.

I'd like ~.

프라이드치킨을 주십시오.
I'd like some fried chicken.
아이드 라익 썸 프라이드치킨

I'd like	some French toast.
아이드 라익	썸 프렌치 토우스트
	some more rice.
	썸 모어르 라이스
	a piece of meat pie.
	어 피스 업 밋 파이
	a weak cocktail.
	어 웍 칵테일
	some dessert.
	썸 디저르트

저에게	프렌치토스트를	주십시오.
	밥을 좀 더	
	미트 파이를 하나	
	약한 칵테일을	
	디저트를 좀	

회화를 Up시키는 Tips

식사 주문

예를 들어 굴 프라이를 주문하는 경우

I'd like some fried oysters.

라고 해도 좋고

I'll have some fried oysters.
굴 프라이를 먹겠습니다.

Give me some fried oysters, please.
굴 프라이를 주십시오.

라고 해도 된다.

또한 주문하고 싶은 음식의 이름만을 말하며

Fried oysters, please.
굴 프라이를 부탁합니다.

라고 할 수도 있다.

여러 가지 요리

boiled rice 밥
pot stew 찌개
cold noodles 냉면
rice cake soup 떡국
curry and rice 카레라이스
sandwich 샌드위치
barbecue 바비큐

side dish 반찬
roast meat 불고기
noodle 국수
dumpling 만두
pizza 피자
hamburger 햄버거
steak 스테이크

저는 ~하고 싶습니다.

Unit 15 I'd like to ~.

저는 이 소포를 한국으로 보내고 싶습니다.

I'd like to send these parcels to Korea.

아이드 라익 투 센드 디즈 파슬스 투 코리아

I'd like to 아이드 라익 투	speak to Mr. White. 스픽 투 미스터러 와잇
	call on you. 콜 온 유
	buy some souvenirs. 바이 썸 수비니얼즈
	order a jacket. 오더러 재킷
	try on these skirts. 트라이 온 디즈 스커츠

저는	화이트 씨와 통화하고	싶습니다.
	당신을 방문하고	
	선물을 좀 사고	
	자켓을 주문하고	
	이 스커트를 입어보고	

I'd like to ~.

「~하고 싶다」는 I'd like to ~.를 쓰면 된다. I'd like to ~.는 I want to ~.보다 정중한 말이다. 여행 중에 물건을 사고 그것들을 가지고 다니는 것은 불편하다. 그때는 우체국(post office)에 가서 한국으로 부치는 것도 좋은 방법이다. 외국우표(stamp)도 한국에서는 기념이 되므로 소포를 부쳐서 여장을 가볍게 하자. 소포(parcel)를 부칠 때에는 세관신고서(customs declaration)에 내용물과 값을 써 넣어야 하는데 자세히 쓸 필요는 없다.

try on(입어보다)

옷, 구두 등 몸에 걸치는 것은

I'd like to try this on.
이것을 입어보고 싶습니다.

이라고 하고 입어보는 것이 좋다. 종종 점원 쪽에서

Please try it on.
그것을 입어 보십시오.

이라고 하는 경우도 있다.

Unit 16: I'd like to ~.

저는 ~하고 싶습니다.

저는 한국, 서울로 전화하고 싶습니다.

I'd like to make a call to Seoul, Korea.
아이드 라익 투 메이커 콜 투 써울 코리아

I'd like to 아이드 라익 투	make a long distance call to Denver. 메이커 롱 디스턴스 콜 투 덴버르
	reserve a single room. 리저르버 싱글 룸
	check my coat. 첵 마이 코우트
	check my valuables. 첵 마이 벨류어블즈
	cancel my order. 캔슬 마이 오르더르

저는	덴버에 장거리전화를 하고	싶습니다.
	싱글룸을 예약하고	
	코트를 맡기고	
	귀중품을 맡기고	
	주문을 취소하고	

회화를 Up시키는 Tips

make a call

전화를 걸 때는 수화기(receiver)를 들고

Seoul, Korea, please.
한국, 서울 부탁합니다.

라고 하면 되지만

I'd like to make a call to Seoul, Korea.

라고 하면 더욱 좋다. 여행 중에 돈이 부족할 때에는 collect call(수신인 부담 전화)을 이용하면 된다.

check

호텔에서 귀중품(valuables)은 여행가방(suitcase)에 넣어두면 잃어버릴 우려가 있으므로 check(맡기는)하는 것이 좋다.
호텔의 메이드(maid) 중에도 여행가방에 손을 대는 사람도 있다고 하므로 주의하자.

Unit 17: I want to ~.

저는 ~하고 싶습니다.

저는 택시를 타고 싶습니다.
I want to take a taxi.
아이 원 투 테이커 택시

I want to	see the Statue of Liberty.
아이 원 투	씨 더 스테츄 업 리버ㄹ티
	visit the museum.
	비짓 더 뮤지엄
	have a rest.
	해버 레스트
	take some pictures.
	테익 썸 픽처ㄹ스
	mail this letter.
	메일 디스 레러ㄹ

저는	자유의 여신상을 보고	싶습니다.
	박물관을 방문하고	
	쉬고	
	사진을 찍고	
	이 편지를 부치고	

I want to ~.

「~하고 싶다」는 I'd like to ~.라고 한다. 이 말이 기억나지 않으면, I want to ~.라고 해도 같은 의미이다.
「그[그녀]는 ~하고 싶어 한다.」는 He[She] wants to ~.로 want에 -s를 붙이는 것에 주의하자.

He wants to go to the concert.
그는 그 음악회에 가고 싶어 한다.

taxi

택시는 taxi cab이라고도 하고, 미국에서는 cab이라고 한다.
택시는 한국에서처럼 돌아다니는 것은 드물고 길모퉁이 등에 주차해 있는 것이 보통이다. 택시 주차 장소를 모를 때에는

Where can I take a taxi?
어디에서 택시를 탈 수 있습니까?

라고 물어보자.

Unit 18

저는 ~를 좋아합니다.

I like ~.

저는 삶은 달걀을 좋아합니다.
I like boiled eggs.
아이 라익 보일드 에그즈

I like 아이 라익	scrambled eggs. 스크렘블드 에그즈
	fried eggs. 프라이드 에그즈
	orange juice. 오린쥐 주스
	pork sausage. 포크 소시지
	this city. 디스 씨리

저는	스크램블드 에그를	좋아합니다.
	계란 프라이를	
	오렌지 주스를	
	포크 소시지를	
	이 도시를	

회화를 Up시키는 Tips

I like ~.

음식 등이 마음에 들면 확실하게 I like ~.라고 하자. 한국인은 좋아하지 않아도 I like ~.라고 하는데, 좋은 습관은 아니다. 좋아하지 않으면 I don't like ~.라고 한다. I don't like ~.라고 해도 상대에 대한 실례는 아니다.

기타 음식들

- **beef** 쇠고기
- **chicken** 닭고기
- **cabbage** 양배추
- **porridge with milk** 우유를 넣은 오트밀
- **pork** 돼지고기
- **mutton** 양고기
- **spinach** 시금치
- **mashed potato** 으깬 감자

egg

계란 요리는 여러 가지가 있다. 삶은 계란이라도 삶는 시간을 지정한 three-minute egg, four-minute egg 등이 있다. 자신이 좋아하는 스타일을 알아두면 편리하다.

계란 프라이(fried eggs)는 잠자코 있으면 계란 2개가 보통이다. 스크램블드 에그(scrambled egg)를 좋아할 때는 'scramble'이라고 주문하지 않으면 'fried egg'가 나올 수 있다.

Unit 19 저는 ~를 좋아하지 않습니다.

I don't like ~.

저는 베이컨을 좋아하지 않습니다.
I don't like bacon.
아이 돈트 라익 베이컨

I don't like 아이 돈트 라익	tomatoes. 토메이도즈	
	this 디스	brooch. 브로치
		skirt. 스커ㄹ트
		room. 룸
		color. 컬러ㄹ

저는	토마토를		좋아하지 않습니다.
	이	브로치를	
		스커트를	
		방을	
		색을	

회화를 Up시키는 Tips

I don't like ~.

「좋아하지 않는다, 마음에 들지 않는다」는 I don't like ~. 라고 한다. 예약한 호텔 방 등이 마음에 들지 않을 때는

I don't like this[the] room.
저는 이[그] 방이 마음에 들지 않습니다.

이라고 말하면 다른 방으로 바꾸어 주기도 한다.

음식이 마음에 들지 않을 때는

I don't like this.
이것을 좋아하지 않습니다.

What's this?
이것은 무엇입니까?

라고 하고, 그 이름을 알아두는 것도 좋다. 반대로 마음에 들 때는

This is very good. What is this?
맛있습니다. 이게 뭐예요?

라고 한다.

Unit 20: I don't ~.

저는 ~을 못합니다.

저는 영어를 못합니다.
I don't speak English.
아이 돈ㅌ 스픽 잉글리시

I don't 아이 돈ㅌ	know 노우	the words. 더 워ㄹ즈
		the place. 더 플레이스
		how to say 'bab' in English. 하우 투 쎄이 밥 인 잉글리시
	have 해브	any small change. 애니 스몰 체인지
		any friends. 애니 프렌즈

저는	그 말을	모릅니다.
	그 장소를	
	밥을 영어로 어떻게 말하는지	
	잔돈이	없습니다.
	친구가	

회화를 Up시키는 Tips

I don't speak English.

「영어를 못한다.」는 I don't speak English.이고,
I can't speak English.라고 하지 않는 것이 좋다.
조금이라도 할 수 있으면

I speak English a little.
영어는 조금 할 수 있습니다.

I speak a little English.
영어는 조금 할 수 있습니다.

라고 하고 서툴더라도 외국인과 대화를 해보자.

I don't know the words.

「어떻게 말하는지 모른다.」는

I don't know the words.
I can't say it.
무어라 말하는지 모릅니다.

라고 하면 된다.
I can't say it.을 I don't say it.이라고 할 수는 없다.

반대로 상대가 말하는 것을 모를 때에는

Beg your pardon? (↗)
다시 한 번 말해 주십시오.

이라고 다시 물어본다.

Unit 21

~해 주시겠습니까?

Could you ~?

잠깐 기다려 주시겠습니까?

Could you wait a minute, please?

쿠쥬 웨이러 미닛 플리즈

Could you 쿠쥬	speak more slowly? 스픽 모어ㄹ 슬로우리
	write your name? 롸잇 유어ㄹ 네임
	recommend something delicious? 레커멘드 썸씽 딜리셔스
	send this book to Korea? 센드 디스 북 투 코리아
	wrap this gift? 랩 디스 깁트

좀 더 천천히 말씀해	주시겠습니까?
당신의 이름을 써	
맛있는 것을 좀 추천해	
이 책을 한국으로 보내	
이 선물을 포장해	

회화를 Up시키는 Tips

Could you ~?

could는 can의 과거형으로 「할 수 있었다」라는 의미지만 Could you ~?가 되면 「~해주지 않겠습니까?」라고 정중하게 부탁하는 말이 되며 과거의 의미는 없다.

Wait a minute, please.
잠시 기다려 주세요.

라고 해도 좋지만 이것보다는 정중한 말이다.

something delicious

something은 다음과 같이 사용할 수 있다.

something cold	찬 것
something hot	뜨거운 것
something good	좋은 것
something beautiful	아름다운 것
something nice	멋진 것
something special	특별한 것

Unit 22

저에게 …을 ~해 주시겠습니까?

Could you ~ me …?

카네기 홀로 가는 길을 가르쳐 주시겠습니까?

Could you tell me the way to Carnegie Hall?

쿠쥬 텔 미 더 웨이 투 카르네기 호올

Could you
쿠쥬

tell me your telephone number?
텔 미 유어ㄹ 텔러포운 넘버ㄹ

show me your ID?
쇼우 미 유어ㄹ 아이디

give me three tickets?
깁 미 쓰리 티킷츠

lend me your electric shaver?
렌 미 유어ㄹ 일렉트릭 쉐이버ㄹ

fix me a snack?
픽스 미 어 스낵

당신의 전화번호를 가르쳐	주시겠습니까?
당신의 신분증명서를 보여	
표 3장을	
당신의 전기면도기를 빌려	
스낵을 만들어	

telephone number

전화번호는 각국마다 다르다. 436-5798 식으로 쓰는 나라도 있고, EUL-0217 식으로 쓰는 나라도 있다. 그러나 전화 거는 법은 같다.

ID

Identification(신분증명서)의 첫 두 글자를 따서 ID라고 한다. ID card(Identification card)라고 할 수도 있다. pub 등 술을 마실 수 있는 장소나 술 등을 파는 장소는 미성년자에게는 팔지 못하는 법규가 있어서 ID 제시를 요구하는 경우가 있다. 그런 경우에는 여권을 보여주면 된다.

fix me a snack

「(나를 위해) 스낵을 만들다」라는 의미. fix는 「수리하다」라는 의미도 있어서

Please fix the watch.
시계를 고쳐 주십시오.
라고 할 수도 있다.

fix를 「식사」와 관련해서 사용하면 「(식사) 준비를 하다」라는 의미가 된다.

Unit 23. Could I have ~?

~를 주시겠습니까?

도로지도를 주시겠습니까?
Could I have a road map?
쿠다이 해버 로우드 맵

| Could I have
쿠다이 해브 | a beer?
어 비어르 |
| --- | --- |
| | a steak?
어 스테이크 |
| | a guide book to this museum?
어 가이드 북 투 디스 뮤지엄 |
| | some water?
썸 워러르 |
| | five twenty-five cents stamps?
파입 트웬티-파입 센츠 스탬스 |

맥주를	주시겠습니까?
스테이크를	
이 미술관의 안내서를	
물 좀	
25센트 우표 5장을	

회화를 Up시키는 Tips

Could I have ~?

이것은 Can I have ~?보다 정중한 말이다.

a road map

모르는 도시에 가면 지도(map)가 필요하다. 간단한 시내지도는 대부분 호텔 프론트에 비치되어 있다(무료). 그러나 상세한 지도를 원할 때는 거리의 매점(유료)이나 주유소에서 물어보면 얻을 수 있다.

a beer

「맥주 1병」이라고 할 때는 'a bottle of beer'라고 한다. 주문할 때는 'a beer'만으로도 의미는 통한다(생맥주는 draft beer). 이와 같이 'a cup of coffee'(커피 1잔)는 'a coffee'라고 해도 된다.

Unit 24

~는 어떻습니까?

Would you like ~?

음료는 어떻습니까?
Would you like a drink?
우쥬 라이커 드링크

Would you like 우쥬 라익	some 썸	fruit? 프룻
		dessert? 디저트
		pudding? 푸딩
		hot chocolate? 핫 초콜릿
	a twin? 어 트윈	

과일은	어떻습니까?
디저트는	
푸딩은	
코코아는	
트윈룸은	

회화를 Up시키는 Tips

Would you like ~?

이것은 「~은 어떻습니까?」라는 정중한 어법이다. 레스토랑 등에서 웨이터가 손님에게 흔히 이렇게 묻는다. 이때에는 Yes, No를 확실히 말하자.

예를 들어, "Would you like some fruit?"이라고 하면

원하지 않을 때는
"No, thank you."

라고 하면 되고, 원할 때에는
"An orange, please."
오렌지를 주십시오.

라고 하면 된다.

some과 any

"Would you like some dessert?"에서는 'some'을 쓴다. any는 쓰지 않는다. 의문문에서는 any를 쓴다고 배웠지만, 회화에서 무엇을 권할 경우에는 'some'을 쓴다는 것을 잊지 말자.

Unit 25 Would you ~?

~해 주시겠습니까?

소금을 건네주시겠습니까?
Would you pass me the salt?
우쥬 패스 미 더 썰트

Would you 우쥬	lend me your lighter? 렌 미 유어르 라이러르 show me your card? 쇼우 미 유어르 카르드 tell me your room number? 텔 미 유어르 룸 넘버르 bring me that bag? 브링 미 댓 백 dance with me? 댄스 위드 미

당신 라이터를 빌려	주시겠습니까?
당신 카드를 보여	
당신의 방 번호를 가르쳐	
저 가방을 가져다	
저와 춤을 춰	

회화를 Up시키는 Tips

Would you pass me the salt?

식사할 때, 다른 사람 앞에 있는 것을 집어오는 것은 실례이다. 그때는 "Would you pass me ~?"라고 가까이에 있는 사람에게 부탁한다.

bring과 take

bring(가지고 오다)과 take(가지고 가다)는 반대의 의미이다. 사용할 때 주의하자.

Please bring some of your friends to the party.
당신의 친구들을 파티에 데려와 주십시오.

Please take me along with you.
저도 함께 데려가 주십시오.

부탁이나 의뢰할 때의 표현

일반적으로 부탁이나 의뢰할 때 쓰는 표현들을 그 공손함의 정도에 따라 나열하면 다음과 같다.

Will you ~?
Can you ~?
Would you ~?
Could you ~?
Would you please ~?
Could you please ~?
Would you mind -ing?

Unit 26

~하고 싶습니까?

Would you like to ~?

런던 브리지를 보고 싶습니까?

Would you like to see the London Bridge?
우쥬 라익 투 씨 더 런던 브릿지

Would you like to 우쥬 라익 투	go there? 고우 데어ㄹ
	see him? 씨 힘
	take the subway? 테익 더 서브웨이
	send this package to Korea? 센드 디스 패키지 투 코리아
	buy a sweater? 바이 어 스웨러ㄹ

그곳에 가고	싶습니까?
그를 만나고	
지하철을 타고	
이 소포를 한국으로 보내고	
스웨터를 사고	

회화를 Up시키는 Tips

Would you like to ~?

「~하고 싶습니까?」라고 상대의 의향을 묻거나, 「~하지 않겠습니까?」라고 상대에게 권유할 때의 정중한 말이다. 이처럼 물으면,

Yes, I'd like to ~.
예, ~하고 싶습니다.

라고 대답하면 된다.

go there

「거기에 가다」는 go there이지, go to there라고는 하지 않는다. 그러나 「역에 가다」는 go to the station이라고 to를 붙여서 말한다.

Unit 27 May I ~?

~해도 됩니까?

들어가도 됩니까?
May I come in?
메이 아이 컴 인

May I 메이 아이	speak in Korean? 스피킨 코리언
	write with a pencil? 롸잇 위더 펜슬
	use this telephone? 유즈 디스 텔러포운
	park here? 파크 히어ㄹ
	sit there? 씻 데어ㄹ

한국어로 말해도 | 됩니까?
연필로 써도
이 전화를 써도
여기에 주차해도
저기에 앉아도

회화를 Up시키는 Tips

May I ~?

「~해도 됩니까?」라고 다른 사람에게 부탁할 때는 "May I ~?"라고 한다. 회화에서는 "May I ~?" 대신 "Can I ~?"를 사용하는 경우가 많다. 둘 다 같은 의미이다.

May I help you?
무얼 도와 드릴까요?

백화점 등에 쇼핑(shopping)하러 가서 여기저기 보며 돌아다니면, 점원이 "May I help you?"라고 한다. 살 것이 있어서, 상품의 이름을 말하면 그 매장을 가르쳐 준다. 그러나 단지 구경만 할 경우에는 다음과 같이 말하면 된다.

Just looking.
그냥 구경하고 있습니다.

"May I help you?" 대신에 "Can I help you?"라고 해도 같은 의미가 된다.

Unit 28 May I ~?

~해도 됩니까?

이 상자를 열어도 됩니까?
May I open this box?
메이 아이 오우픈 디스 박스

May I 메이 아이	close the window? 클로우즈 더 윈도우
	read this magazine? 리드 디스 매거진
	ask you a question? 애스큐 어 퀘스천
	call on you the day after tomorrow? 콜 온 유 더 데이 애프터르 투마로우
	order a beverage? 오더러 베버리지

창문을 닫아도	됩니까?
이 잡지를 읽어도	
당신에게 질문해도	
모레 방문해도	
음료를 주문해도	

회화를 Up시키는 Tips

May I close the window?

"May I close the window?"(창문을 닫아도 됩니까?)의 반대는 "May I open the window?"이다. 열차나 버스 등의 창문을 여닫을 때에는 가까이에 있는 사람의 의향을 묻는 것이 예의이다.

주위의 상황으로 판단해서 「창문을 여는 것이 좋다.」고 생각되면, 적극적으로

Shall I open the window?
창문을 열까요?

라고 표현한다.

appointment(약속)

다른 사람과 만날 때에는 appointment(약속)를 정확히 해야 한다. 한국인은 다른 사람을 지나치게 배려해서 「아무 때라도 좋습니다.」라고 하는 경우가 많은데, 이것은 상대방을 난처하게 하므로 다음과 같이 시간을 정확하게 지정하는 것이 좋다.

At three in the afternoon.
오후 3시에

형편이 좋지 않으면 「나쁘다」라고 말하고 나서 시간을 변경하거나 요일을 변경하면 된다.

Unit 29 Can I ~?

~할 수 있습니까?

내일 박물관을 방문할 수 있습니까?
Can I visit the museum tomorrow?
캔 아이 비짓 더 뮤지엄 투마로우

Can I 캔 아이	see you tomorrow morning? 씨 유 투마로우 모르닝
	speak to Mr. Smith? 스픽 투 미스터ㄹ 스미스
	get there by subway? 겟 데어ㄹ 바이 서브웨이
	make a reservation? 메이커 레저ㄹ베이션
	make a telephone call? 메이커 텔러포운 콜

내일 아침에 만날 수	있습니까?
스미스 씨와 통화할 수	
거기에 지하철로 갈 수	
예약할 수	
전화를 걸 수	

회화를 Up시키는 Tips

Can I ~?(~할 수 있습니까?)

해외에서는 여러 가지 모르는 것이 많아서 불안하다. 모르는 것은 적극적으로 물어보는 게 좋다. 가는 방법을 모르면

Can I get to the airport by subway?
지하철로 공항에 갈 수 있습니까?

라고 묻는다. by subway(지하철)는 미국식이고, 영국에서는 by tube라고 한다.

목욕을 하고 싶다면

Can I have a bath?
목욕할 수 있습니까?

라고 한다.

쇼핑할 때에는

Can I have a look at that diamond?
저 다이아몬드를 좀 볼 수 있습니까?

와 같이 보고 싶은 것(emerald, cuff buttons)을 말하면 된다. 물건의 이름을 모르면 그 물건을 가리키며 다음과 같이 말한다.

Can I have a look at that?
저것을 볼 수 있습니까?

Unit 30 I can't ~.

~할 수 없습니다.

여행가방을 찾을 수 없습니다.
I can't find my suitcase.
아이 캔트 파인드 마이 숫케이스

I can't	find my glasses.
아이 캔트	파인드 마이 글래시즈
	get a ticket.
	게러 티킷
	stay long.
	스테이 롱
	come to your office.
	컴 투 유어ㄹ 오피스
	remember the phone number.
	리멤버ㄹ 더 폰 넘버ㄹ

제 안경을 찾을	수 없습니다.
표를 살	
오래 머물	
당신 사무실에 갈	
전화번호를 기억할	

I can't ~.

한국인은 「~할 수 있다, ~할 수 없다」를 확실히 말하지 않는다. 일의 중대함이나 상대방의 감정을 고려해서 확실한 태도를 취하기 어려워 애매한 태도를 취하는 것 같다. 이런 점에서 외국인은 다르다. 그들은 자신의 태도를 확실히 한다.

I can't find my suitcase.

공항에서 "I can't find my suitcase."(제 가방을 찾을 수 없습니다.)라고 할 때만큼 난감한 일은 없을 것이다. 같은 모양이나 색인 가방이 많으므로 발견하기 쉽도록 표시를 해 두는 것을 잊지 말자.

Unit 31

저는[이것은] ~입니다.

This is ~.

저는 김입니다. 〈전화에서〉
This is Mrs. Kim speaking.
디스 이즈 미씨즈 킴 스피킹

This is 디스 이즈	my 마이	seat. 씻
		key case. 키 케이스
		sister Sun-sil. 씨스터ㄹ 선실
	a collect call. 어 콜렉트 콜	
	mine. 마인	

이것[사람]은	제	자리	입니다.
		열쇠케이스	
		동생 선실	
	콜렉트 콜		
	제 것		

This is Mrs. Johns speaking.

전화를 걸 때의 전형적인 말이다. 자기 자신에게 Mrs.를 붙이는 것을 이상하게 생각할지 모르겠지만 전화에서는 여자 목소리인 것을 알 수 있어도 미혼, 기혼인지는 알 수 없다. 밝히고 싶을 때는 거는 쪽에서 Miss 또는 Mrs.를 붙여서 신분을 밝히는 것이 예의이다.

collect call (수신자 부담 통화)

전화에 관련된 표현으로 다음과 같은 것들을 알아두자.

domestic call	국내전화
local call	시내전화
trunk call	시외전화
long - distance call	장거리 전화
person - to - person call	지명통화
crank call	장난전화
extension 230	내선 230번
pay phone	공중전화
text message	문자 메세지
telephone directory	전화번호부
hold on	끊지 않고 기다리다
hang up	전화를 끊다
The line is busy.	통화중이다

이 ~은 …입니다.

Unit 32 This ~ is ….

이 파이는 맛있습니다.
This pie is delicious.
디스 파이 이즈 딜리셔스

This 디스	spaghetti 스파게리	is 이즈	good. 굿
	picture 픽쳐ㄹ		fine. 파인
	towel 타월		clean. 클린
	cloth 클러스		dirty. 더리
	bag 백		heavy. 헤비

이	스파게티	는[은]	맛있습니다.
	그림		멋있습니다.
	수건		깨끗합니다.
	천		더럽습니다.
	가방은		무겁습니다.

회화를 Up시키는 Tips

This pie is delicious.

'delicious'는 「맛있다」라는 의미. 식사, 디저트, 케이크 등의 맛을 칭찬할 때 자주 쓴다. 다른 사람의 가정에 초대된 경우에는 초대한 사람을 즐겁게 하기 위해서도 'delicious'를 자주 말해주는 것이 좋다.

더 먹고 싶으면

This is delicious. Can I have some more?
맛있어요. 좀 더 먹을 수 있습니까?

라고 한다. 또, 권해주는 것을 더 이상 원치 않으면

No, thank you. I've had enough.
아뇨, 괜찮습니다. 충분히 먹었습니다.

라고 정중히 거절하면 된다.

This room is good.

'good' 대신에 fine, clean, dirty 등의 말을 넣을 수 있다.

Unit 33 Is this ~?

이것은 ~입니까?

이것은 면세입니까?
Is this tax-free?
이즈 디스 택스 프리

Is this 이즈 디스	hand-made? 핸드-메이드
	washable? 워셔블
	water-proof? 워러ㄹ-프루프
	portable? 포터블
	easy to read? 이지 투 리드

이것은	수제품	입니까?
	세탁할 수 있는 것	
	방수	
	휴대용	
	읽기 쉬운 것	

회화를 Up시키는 Tips

free(무료)

free는 편리한 말이다. tax-free는 「세금 없음」 즉 「면세」이다. duty free도 같은 의미이다. Duty-free shop은 「면세점」이다.

Admission Free는 「무료입장」이고, 박물관 등에서 이런 게시를 볼 수 있다.

I'm free.는 「나는 한가하다.」라는 의미이다. 즉 할 일이나 약속이 없어서 자유로운 몸이라는 것이다.

Is this hand-made?

최근 한국에서도 'hand-made'(수제품)를 높이 평가하고 있는데, 미국 등에서는 더욱 높게 평가하고 있다. 값이 비싸므로 살 때는 'hand-made'인지를 반드시 확인하는 게 좋다.

Unit 34

이 ~은 …입니까?

Is this ~ …?

이 물은 마실 수 있습니까?
Is this water drinkable?
이즈 디스 워러ㄹ 드링커블

Is this 이즈 디스	coffee 커피	strong? 스트롱
	seat 싯	occupied? 아큐파이드
	door 도어ㄹ	locked? 락트
	tape 테입	interesting? 인터레스팅
	house 하우스	empty? 엠티

| 이 | 커피
자리
문
테이프
집 | 는[은] | 진합
주인이 있습
잠겨 있습
재미있습
비어 있습 | 니까? |

114

회화를 Up시키는 Tips

Is this water drinkable?

수돗물을 그냥 먹을 수 있는 곳은 한국, 일본, 미국, 캐나다 정도이다. 유럽의 수돗물은 경수여서 그대로는 먹을 수 없다. 대부분 mineral water(생수)를 사서 먹으며 비누도 거품이 일지 않으므로 현지의 비누를 사용하는 것이 좋다.

Is this seat occupied?

열차, 버스 등에서 빈자리인지를 확인할 때의 말. 묵묵히 앉는 것보다 옆 사람에게 물어보고 나서 앉는 것이 예의다. "No.(비었습니다.)"라고 대답하면 앉아서 화제를 꺼내 회화를 해보자.
레스토랑 등에서는 다음과 같이 말해 보자.

Is this seat reserved?
예약석입니까?

고급 레스토랑에서는 입구에서 waiter가 안내해 줄 때까지 기다리는 것이 예의이다.

Unit 35

Is this ~?

이것은 ~입니까?

이것은 애틀랜타 행 버스가 맞습니까?
Is this the right bus for Atlanta?
이즈 디스 더 롸잇 버스 풔ㄹ 애틀랜타

Is this 이즈 디스	the right train for Chicago? 더 롸잇 트레인 풔ㄹ 시카고
	the subway for City Hall? 더 서브웨이 풔ㄹ 씨리 홀
	the platform for Paris? 더 플랫 풔ㄹ 패리스
	the stop where I have to get off? 더 스탑 웨어ㄹ 아이 해브 투 게로프
	the building you mentioned? 더 빌딩 유 멘션드

이것[곳]은	시카고행 열차가	맞습니까?
	시청행 지하철이	
	파리행 플랫폼이	
	제가 내릴 정류장이	
	당신이 말한 건물이	

회화를 Up시키는 Tips

subway(지하철)

subway는 미국영어이고, 영국에서는 tube 또는 underground라고 한다.
subway for ~는 「~행 지하철」의 의미. 교통수단의 「~행」은 for를 쓴다.

the stop where I have to get off
내가 내려야 할 정류장

get off는 「내리다」, 「타다」는 get on[in], where I have to get off는 「내가 내려야 하는 (정류장)」의 의미

the building you mentioned
당신이 말한 건물

the building (which) you mentioned는 「당신이 말한 건물」이라는 뜻. mentioned 대신에 told me라고 해도 된다. which는 관계대명사. 이 경우에는 생략할 수 있다.

Unit 36

Does this ~ …?

이 ~은 …합니까?

이 버스는 센트럴 역에 갑니까?

Does this bus go to Central Station?

더즈 디스 버스 고우 투 센트럴 스테이션

Does this 더즈 디스	bus 버스	go to 23rd Street? 고우 투 트웬티써ㄹ드 스트릿
		leave at 10:15? 리브 앳 텐 핍틴
		arrive there at 1 p.m.? 어라입 데어ㄹ 앳 원 피엠
	train 트레인	go to Los Angeles? 고우 투 로스엔젤레스
		stop at Williams? 스탑 앳 윌리엄스

이	버스는	23번가에 갑	니까?
		10시 15분에 떠납	
		거기에 오후 1시에 도착합	
	열차는	로스앤젤레스에 갑	
		윌리엄즈에 정차합	

Does this bus go ~?

모르는 지방에서 버스나 열차를 탈 때는 불안하다. 그때는 누군가에게 물어보는 것이 좋다. 그러나 다음과 같을 때에는 주의한다.

"A에서 B행 버스를 타고 1st Street에서 하차하세요." 라고 가르쳐 주었다고 하자. 목적지는 D다. 그때, A에서 "Does this bus go to B?"라고 하면, "Yes"라고 대답해도 C 경유의 버스일지라도 1st Street는 통과하는 수가 있다. 따라서 지도에 행선지를 O로 표시하고 지도를 가리키며 Does this bus go to this place?(이곳에 갑니까?)라고 묻는 것이 좋다.

Unit 37 Is it ~?

~입니까?

7시입니까?

Is it 7 o'clock?
이짓 쎄븐 어클락

Is it 이짓	**one ten?** 원 텐
	five fifteen? 파입 핍틴
	six thirty? 씩스 써리
	nine forty? 나인 풔리
	eleven fifty? 일레븐 핍티

1시 10분	입니까?
5시 15분	
6시 30분	
9시 40분	
11시 50분	

회화를 Up시키는 Tips

Is it one ten?(1시 10분입니까?)

학교에서는 다음과 같이 배웠다.

Is it ten minutes past one?

회화에서는 위의 one ten처럼 숫자만을 나열해서 간단히 말한다.

학교에서 배운 어법

a quarter	1/4, 15분
past ~	~지난
half	1/2, 30분
to ~	~전
minute(s)	분
Is it a quarter past one?	1:15
Is it half past two?	2:30
Is it a quarter to three?	2:45
Is it five minutes to four?	3:55

at 3 o'clock(3시에)

「~시에」라고 할 때는 시간 앞에 at을 붙여서 다음과 같이 말한다.

Can I see you at 4?
4시에 만날 수 있습니까?

Does the store open at 10?
가게는 10시에 엽니까?

Unit 38

~가 있습니까?

Is there ~?

이 근처에 버스 정류장이 있습니까?

Is there a bus stop near here?
이즈 데어러 버스 스탑 니어르 히어르

Is there 이즈 데어러	a barber shop 어 바르버르 샵	near here? 니어르 히어르
	a travel agency 어 트레블 에이전시	
	a nice restaurant 어 나이스 레스터렁	
	a stadium 어 스테이디엄	in this city? 인 디스 씨리
	a museum 어 뮤지엄	

이 근처에	이발소가	있습니까?
	여행사가	
	좋은 레스토랑이	
이 도시에	경기장이	
	박물관이	

회화를 Up시키는 Tips

Is there a bus stop?(버스 정류장이 있습니까?)

「~이 있습니까?」는 "Is there ~?"로 묻는다. 외국에 나가면 버스, 열차의 정류장 등을 쉽게 찾을 수 없는 경우가 많다. 각국마다 이것들의 「표시」가 다르기 때문이다. 우체통 등도 찾기가 어렵다. 그럴 때에는 길을 가는 사람에게 다음과 같이 물어보자.

Excuse me, but is there a mail box near here?
실례지만, 근처에 우체통이 있습니까?

Yes. At the corner over there.
예. 저기 모퉁이에 있습니다.

Unit 39

Are there any ~?

~이 있습니까?

특별석이 있습니까?

Are there any boxes?
아r 데어r 애니 박시즈

Are there any 아r 데어r 애니	**tickets left?** 티킷츠 레프트
	places to visit? 플레이시즈 투 비짓
	old churches? 오울드 처r취즈
	motels here? 모텔즈 히어r
	animals to see? 애니멀즈 투 씨
남아 있는 표가 방문할 장소가 오래된 교회가 근처에 모텔은 봐야 할 동물이	있습니까?

회화를 Up시키는 Tips

Are there any ~?(~이 있습니까?)

「~이 있습니까?」라고 물을 때, 묻고자 하는 것이 복수일 때는 "Are there any ~?"를 쓴다. "Is there ~? 〈단수〉"라고 할 수는 없다.

box(박스석, 특별석)

극장 등의 「특별석」은 box라고 한다. 일류 극장의 박스석에서 관람해 보는 것도 즐거운 추억이 될 것이다. tickets left는 「남아 있는 표」이다. 이때의 left는 「왼쪽」이 아니고 leave(남아 있다)의 뜻이다. anything left(남아 있는 것)처럼 쓴다.

Are there any tickets left?

Unit 40 Is it ~ today?

오늘은 ~(요일)입니까?

오늘은 화요일입니까?
Is it Tuesday today?
이짓 튜즈데이 투데이

Is it	Wednesday	today?
이짓	웬즈데이	투데이
	Saturday	
	쌔러r데이	
	Sunday	
	썬데이	
	Thursday	
	써r즈데이	
	Friday	
	프라이데이	

오늘은 | 수요일 | 입니까?
| 토요일 |
| 일요일 |
| 목요일 |
| 금요일 |

요일

여행 중에는 무슨 요일인지를 잊는 경우가 있다. 그때는

What day (of the week) is it today?
(오늘은) 무슨 요일입니까?

Is it Monday today?
오늘은 월요일입니까?

라고 물어보면 된다.

외국에서는 월일보다 요일이 자주 쓰인다. 예를 들면 다음과 같다.

I'll see you Thursday afternoon.
목요일 오후에 뵙겠습니다.

「요일」을 물을 때에는 it을 사용하지만 다음과 같이 물어도 된다.

Is today Thursday?
오늘이 목요일입니까?

Unit 41 Is it ~ today?

오늘은 ~일입니까?

오늘은 6월 23일입니까?
Is it June 23rd today?
이짓 준 트웬티써ㄹ드 투데이

Is it 이짓	May 5th 메이 핍스	today? 투데이
	July 2nd 줄라이 세컨드	
	September 11th 셉템버ㄹ 일레븐스	
	October 30th 악토우버ㄹ 써ㄹ티스	
	December 24th 디셈버ㄹ 트웨니풔ㄹ스	

오늘은	5월 5일	입니까?
	7월 2일	
	9월 11일	
	10월 30일	
	12월 24일	

회화를 Up시키는 Tips

Is it June 23rd today?(오늘은 6월 23일입니까?)

한국에서는 월일을 위주로 쓰지만, 유럽이나 미국에서는 요일을 주로 쓴다. 요일만으로 부족할 때 today(오늘)를 생략해서 다음과 같이 월일을 물으면 된다.

Is it June 23rd?
오늘이 6월 23일입니까?

대화의 예를 들면 다음과 같다.

A Come to see me next Wednesday?
다음 수요일에 와 주시겠어요?

B Is it May 16th?
5월 16일입니까?

A Yes.
예.

월일 말하는 법

「6월 23일」은 June (the) twenty-third라고 한다. the는 생략해도 좋다. 23rd가 번거롭다면 twenty-three라고 해도 된다.

Unit 42

~(날)이지요?

It's a ~ day, isn't it?

좋은 날씨죠?

It's a **fine** day, isn't it?
잇처 파인 데이 이즌 잇

It's a	nice	day, isn't it?
잇처	나이스	데이 이즌 잇
	warm	
	웜	
	cold	
	코울드	
	bad	
	배드	
	lovely	
	러블리	

오늘은	좋은 날씨	지요?
	따뜻하	
	춥	
	날씨가 좋지 않	
	멋진 날이	

회화를 Up시키는 Tips

It's a fine day, isn't it?(좋은 날씨지요?)

날씨를 화제로 인사를 시작하는 것도 괜찮다. 문장 뒤에 isn't it?을 붙이면 「~이지요?」라는 부드러운 표현이 된다.

it의 용법

날씨나 시간을 말할 때는 it을 쓴다. 이 경우 「그것은」이라는 의미는 없다.

It's a warm day.
따뜻한 날입니다.

It's warm.이라고 해도 같은 의미를 나타낸다.
같은 식으로 It's fine. / It's cold. 처럼 day를 생략할 수도 있다. 이때 a도 생략된다.

Unit 43

It's a big ~.

~가 큽니다.

가슴둘레가 좀 큽니다.
It's a little big around the bust.
잇처 리를 빅 어라운 더 버스트

It's	a little	small around the hips.
잇츠	어 리를	스몰 어라운 더 힙스
		small around the waist.
		스몰 어라운 더 웨이스트
		big around the shoulders.
		빅 어라운 더 쇼울더르즈
	very noisy next door.	
	베리 노이지 넥스트 도어르	
	very dark outside.	
	베리 다르크 아웃사이드	

엉덩이 둘레가	좀	작습	니다.
허리 둘레가		작습	
어깨가		큽	
옆방이 매우 시끄럽습			
밖은 매우 어둡습			

회화를 Up시키는 Tips

a little(조금)

little에는 「작은」이라는 의미 외에 「조금」이라는 의미가 있다.

I can speak a little English.
저는 영어를 조금 할 수 있습니다.

Drink a little of this.
이것을 조금 마시세요.

〈비교〉 **She's a little girl.**
그녀는 작은 소녀입니다.

noisy(시끄럽다)

호텔 방 등에서는 조용히 하는 것이 에티켓이지만, 간혹 큰 소리로 시끄럽게 떠드는 사람들이 있다. 주위가 시끄러울 때는 프론트에 전화해서 다음과 같이 말하면 된다.

It's very noisy next door.
옆방이 매우 시끄러워요.

Unit 44

제 방 번호는 ~입니다.

My room number is ~.

제 방 번호는 1203입니다.

My room number is 1203.
마이 룸 넘버 이즈 트웰브-오우-쓰리

My	house	number is	1265.
마이	하우스	넘버ㄹ 이즈	트웰브-씩스티-파입
	telephone		864-9170.
	텔러포운		에잇-씩스-퓨ㄹ-나인-원-쎄븐-오우
	car license		EN-3528.
	카ㄹ 라이선스		이엔-쓰리-파입-투-에잇

The flight number is 426 for Seoul.
더 플라잇 넘버 이즈 풔ㄹ-투-씩스 풔ㄹ 써울

The flight number is 258 for Paris.
더 플라잇 넘버 이즈 투-핍티-에잇 풔ㄹ 패리스

제	집	번호는	1265	입니다.
	전화		864-9170	
	차		EN-3528	

비행편 번호는 서울행 426편입니다.

비행편 번호는 파리행 258편입니다.

house number(집 번지)

우리나라도 번지 정리가 잘 되어서 편리하게 되었지만 아직도 알기 어려운 곳이 있다. 미국은 번지가 매우 잘 정리되어 있다. 도로 한 쪽의 번지가 1, 3, 5 …면 반대측은 반드시 2, 4, 6 …으로 되어 있다.

번호 읽는 법

room number 703 등은 seven hundred three라고 하지 않고, seven-oh-three라고 한다. 전화번호도 같은 식으로 읽는다. '0'는 'zero'라고 해도 되지만, 보통 'oh'라고 읽는다.

Unit 45

~이 더럽습니다.

~ is[are] dirty.

욕실이 더럽습니다.

The bathroom is dirty.
더 배스룸 이즈 더리

The 더	towel 타월	is 이즈	dirty. 더리
	room 룸		dark. 다크
	bag 백		heavy. 헤비

The waitresses are very kind.
더 웨이트리시즈 아르 베리 카인드

The pants are tight around the waist.
더 팬츠 아르 타잇 어라운 더 웨이스트

수건	이	더럽습니다.
방		어둡습니다.
가방		무겁습니다.

웨이트리스가 매우 친절합니다.

바지의 허리가 낍니다.

회화를 Up시키는 Tips

The towel is dirty.(수건이 더럽다.)

일류 호텔은 수건이 더러운 경우는 없지만 간혹 저렴한 비용의 호텔은 깨끗하지 않을 수도 있다. 그럴 때에는 바꿔 달라고 하면 된다. bathroom은 화장실(toilet)과 겸용이므로 다소 더러울 수도 있다. 이런 경우 청소해 달라고 요구하자.

pants

바지는 pants, 또는 trousers라고 한다.
우리말의 「팬티」는 영어로는 underpants라고 한다.
여성용 속내의는 panties라고 한다.

의복용어

bust 가슴	arm 팔
hips 엉덩이	elbow 팔꿈치
waist 허리	neck 목
sleeves 소매	sleeveless 민소매
shoulder 어깨	hem 끝단
collar 깃, 칼라	pocket 주머니

Unit 46

~을 찾고 있습니다.

I'm looking for ~.

저는 약국을 찾고 있습니다.

I'm looking for a drugstore.
아임 룩킹 풔러 드럭스토어ㄹ

I'm looking for 아임 룩킹 풔ㄹ	my passport. 마이 패스포ㄹ트
	my glasses. 마이 글래시즈
	a small toy car. 어 스몰 토이 카ㄹ
	a tweed suit. 어 트위드 수트
	a pendant. 어 펜던트
제 여권을 제 안경을 작은 장난감 자동차를 트위드 수트를 펜던트를	찾고 있습니다.

138

회화를 Up시키는 Tips

drugstore(약국)

미국의 약국은 가벼운 식사나 일용품 등 간단한 개인 용품을 살 수 있는 가게이다. 커피 등 간단한 소프트 드링크도 팔고 있다. 한국과 같은 다방은 찾아 볼 수 없다. 약국은 길모퉁이에 있는 경우가 많다. 찾을 수 없는 경우에는 길 가는 사람에게 다음과 같이 물어보자.

Excuse me, but I'm looking for a drugstore.
실례지만, 약국을 찾고 있습니다.

상대방이 가르쳐 주는 것을 이해할 수 없다면 다음과 같이 부탁해 보자.

Please wait a minute. Will you draw a map here?
잠깐만 기다려 주십시오. 여기에 약도를 그려 주시겠어요?

Unit 47

~가 없습니다.

There's no ~.

수건이 없습니다.
There's no towel.
데어ㄹ즈 노우 타월

There's no 데어ㄹ즈 노우	ashtray. 애쉬트레이
	menu. 메뉴
	pepper on the table. 페퍼ㄹ 온 더 테이블
	mail for me. 메일 풔ㄹ 미
	message for you. 메시지 풔ㄹ 유

재떨이가	없습니다.
메뉴가	
식탁에 후추가	
제게 온 편지가	
당신에게 전언이	

회화를 Up시키는 Tips

There's no towel. (수건이 없다.)

호텔의 욕실(bathroom)에는 수건이 준비되어 있는 것이 보통이지만, 보이지 않는 경우가 있다. 이럴 때에는 프론트에 "There's no towels."라고 전화하면 가져다 준다.

차 등을 마실 수 있도록 hot water(더운 물)를 한국처럼 준비해 놓은 호텔은 없다. 더운 물을 원할 때에는 프론트에 다음과 같이 부탁한다.

Where can I get hot water for tea?
어디에서 더운 물을 구할 수 있습니까?

message (전언)

호텔 프론트에는 당신 앞으로 메시지(message)가 온 경우가 있다. 메시지 온 것이 있는지를 물을 때는 다음과 같이 말한다.

Is there a message for me?
저에게 전언이 있습니까?

~을 보여 주십시오.

Unit 48 Show me ~.

저것을 보여 주십시오.
Show me that, please.
쇼우 미 댓 플리즈

Show me 쇼우 미	that whisky 댓 위스키	, please. 플리즈
	that tie 댓 타이	
Give me 기브 미	a twin 어 트윈	
	another color 어나더르 컬러르	
Tell me 텔 미	my size 마이 사이즈	

저 위스키를 　　　보여 주십시오.
저 넥타이를
트윈룸을 　　　　주십시오.
다른 색을
제 사이즈를 　　　가르쳐 주십시오.

142

Part 2. 회화의 감각을 살리는 패턴 80

회화를 Up시키는 Tips

Show me ~.(~를 보여 주십시오.)

Show me that, please.
저것을 보여 주십시오.

이것은 편리한 어법이다. 물건의 이름을 몰라도 사용할 수 있다. 이 형태를 써서 다음과 같이 말할 수도 있다.

Show me the way to the palace, please.
궁전으로 가는 길을 가르쳐 주십시오.

Bring me my shoulder bag, please.
제 숄더백을 가져다 주십시오.

Give me the New York Times, please.
뉴욕 타임스를 주십시오.

Unit 49

~합시다.

Let's ~.

함께 노래합시다.
Let's sing together.
렛츠 싱 투게더르

Let's 렛츠	go for a drive. 고우 풔러 드라이브
	have dinner together. 해브 디너르 투게더르
	visit Central Park. 비짓 센트럴 파르크
	go to see a show. 고우 투 씨 어 쇼우
	start at once. 스타르트 앳 원스

드라이브 하러 갑	시다.
함께 저녁식사 하러 갑	
센트럴 파크에 갑	
쇼를 보러 갑	
곧 출발합	

회화를 Up시키는 Tips

Let's ~.(~합시다.)

상대방에게 「~합시다」라고 권하는 표현은 "Let's ~."를 쓴다.

"Let's ~"라고 권유받으면 다음과 같이 대답하면 된다.

Yes, let's.
예, 그럽시다.

싫을 경우에는 "No."라고 한다.

go와 visit

Let's go to the museum.
미술관에 갑시다.

Let's visit the museum.
미술관에 갑시다.

go일 때는 go to로 to가 붙지만, visit은 visit to라고 쓰지 않는다.

너무 ~합니다.

Unit 50 It's too ~.

너무 비쌉니다.

It's too expensive for me.
잇츠 투 익스펜십 풔ㄹ 미

It's too	small	for me.
잇츠 투	스몰	풔ㄹ 미
	cold	
	코울드	
	dark	
	다ㄹ크	
	noisy	
	노이지	
	far	
	파ㄹ	

너무	작습	니다.
	춥습	
	어둡습	
	시끄럽습	
	멉	

146

회화를 Up시키는 Tips

It's too ~.(너무 ~하다.)

여기에서의 too ~는 「지나치게 ~」라는 의미이다.

〈비교〉 **This hat is too small for me.**
　　　이 모자는 내게 너무 작다.

too는 또한 「~역시」라는 의미도 있다.

This hat is small, too.
이 모자도 작다.

미국에서 거스름돈 세는 법

3달러 85센트짜리 물건을 사고 10달러를 지불하면, Cashier는 거스름돈을 세면서 다음과 같이 말한다. Eighty-five, ninety, four, five, ten.(85, 90, 4, 5, 10) 85는 85센트이며 확인의 뜻. 거기에 5센트화(nickel)를 더해서 90센트 거기에 10센트화(dime)를 더해서 4달러, 거기에 1달러 지폐를 더해서 5달러, 거기에 5달러 지폐를 더해서 10달러라고 세며 거스름돈을 건네준다.

Unit 51

Will you ~?

~하시겠습니까?

이것을 입어보시겠습니까?

Will you try it on?
월 유 트라이 잇 온

Will you 월 유	pay cash? 패이 캐시
	come to see me? 컴 투 씨 미
	go with us? 고우 위더스
	speak more slowly? 스픽 모어ㄹ 슬로우리
	take me to the theater? 테익 미 투 더 씨어러ㄹ

	주시겠습니까?
현금으로 지불해	
저를 만나러 와	
우리와 함께 가	
좀 천천히 말해	
저를 극장에 데리고 가	

회화를 Up시키는 Tips

Will you ~?(~해주시겠습니까?)

「~해주시겠습니까?」라고 상대의 의향을 묻는 표현은 Will you ~?이다.
try it on는 「그것을 입어보다」, 「탈의실」은 fitting room이라 한다.

Will you pay cash?
현금으로 지불해 주시겠습니까?

에 대한 대답으로 현금으로 지불할 때는 "Yes", 여행자수표로 지불할 때는 "With traveler's check."로 대답한다.
한국에서는 현금이 환영받지만, 미국에서는 신용카드가 주로 이용된다.

Will you speak more slowly?

「더 천천히 말해 주시겠습니까?」라는 의미이지만, 보통 다음과 같은 표현을 쓴다.

I beg your pardon?
다시 한 번 말씀해 주시겠습니까?

Unit 52

~하지 않겠습니까?

Won't you ~?

우리와 함께 하지 않겠습니까?

Won't you join us?
웡츄 조인 어스

Won't you 웡츄	have some chicken? 해브 썸 치킨
	have a gin and tonic? 해버 진 앤 토닉
	use cream and sugar? 유즈 크림 앤 슈거르
	stay a little longer? 스테이 어 리를 롱거르
	come with me? 컴 위드 미

닭고기를 드시지	않겠습니까?
진토닉을 마시지	
크림과 설탕을 넣어주지	
좀 더 오래 계시지	
저와 함께 가지	

회화를 Up시키는 Tips

Won't you ~?(~하지 않겠습니까?)

「~하지 않겠습니까?」라고 상대방에게 권유할 때의 표현이다.

Won't you join us?
우리와 함께 하지 않겠습니까?

이것은 권유할 때의 표현이다. 이처럼 권유받으면 다음과 같이 인사한다.

Yes, thank you.
예, 감사합니다.

Won't you have some chicken?
닭고기를 드시지 않겠습니까?

이것은 음식을 권할 때의 표현이다. 이렇게 권유받으면,

Yes, thank you. I'll have some.
예, 고마워요. 좀 먹겠습니다.

라고 하든지, 다음과 같이 말하면 된다.

No, thank you. I've had enough.
아뇨, 됐습니다. 충분히 먹었습니다.

Unit 53 Do you like ~?

~을 좋아합니까?

한국요리 좋아합니까?
Do you like Korean food?
두 유 라익 코리언 푸드

Do you like	American cigarettes?
두 유 라익	어메리컨 시가렛츠
	coffee without sugar?
	커피 위다웃 슈거르
	a room facing the street?
	어 룸 페이싱 더 스트리트
	classical music?
	클래시컬 뮤직
	mutton?
	머튼

당신은	미국 담배를	좋아합니까?
	설탕 없는 커피를	
	거리에 면한 방을	
	클래식 음악을	
	양고기를	

회화를 Up시키는 Tips

Do you like ~?(~좋아합니까?)

여행 중에 옆 사람과 대화를 해보자. 버스나 열차 안에서 옆에 앉은 사람에게

Do you like Korean food?
한국요리 좋아합니까?

등으로 말을 걸었을 때, 다음과 같이 반응하면 반가울 것이다.

Yes, I like Kimchi[Bulgogi, Naengmyun].
네, 김치[불고기, 냉면]를 좋아합니다.

coffee without sugar(설탕을 넣지 않은 커피)

미국인은 대부분 커피에 설탕을 넣지 않고 마신다. 그런 커피를 coffee without sugar 또는 black coffee 라고 한다. 「설탕을 넣은 커피」는 coffee with sugar 라고 한다. whiskey with soda(소다를 섞은 위스키) 등도 알아두자.

Unit 54

Don't you like ~?

~를 좋아하지 않습니까?

김치를 좋아하지 않습니까?
Don't you like Kimchi?
돈츄 라익 김치

Don't you like 돈츄 라익	**carrots?** 캐럿츠
	sweet things? 스윗 씽즈
	lettuce salad? 레러스 샐러드
	folk songs? 폭 송즈
	this pendant? 디스 펜던트

당신은	당근을 단 것을 양상추 샐러드를 포크 송을 이 펜던트를	좋아하지 않습니까?

회화를 Up시키는 Tips

Yes or No

Yes와 No를 의외로 혼동하는 사람이 많다. 다음의 예를 통해 다시 공부해 보자.
생선을 좋아하는 사람은 다음 질문에 어떻게 대답할까?

Do you like fish?
당신은 생선을 좋아합니까?

물론, Yes.로 답한다. 그러면 다음의 질문에는 어떻게 대답할까?

Don't you like fish?
당신은 생선을 좋아하지 않습니까?

우리말이 「아뇨, (좋아합니다)」라고 해서 No.라고 대답하면 「생선을 싫어합니다.」가 된다. 좋아한다면 반드시 Yes.라고 대답해야 한다.
즉, 영어에서는 질문의 형태에 상관없이 자신의 대답이 긍정인 경우는 Yes, 부정인 경우는 No이다.

Unit 55

Do you think ~?

~라고 생각합니까?

이 블라우스가 저에게 어울린다고 생각합니까?

Do you think this blouse suits me?

두 유 씽크 디스 블라우스 숫츠 미

Do you think 두 유 씽크	**that's a** 댓처	**reasonable price?** 리즈너블 프라이스
		nice color? 나이스 컬러ㄹ
		good fit? 굿 핏트
	this hair-style suits me? 디스 헤어ㄹ-스타일 숫츠 미	
	I can see him? 아이 캔 씨 힘	

그것이	적절한 가격이라	고 생각합니까?
	좋은 색이라	
	잘 어울린다	
이 헤어스타일이 어울린다		
제가 그를 만날 수 있다		

Do you think ~?(~라고 생각합니까?)

상대방에게 의견을 구할 때는 "Do you think ~?"라는 표현을 쓴다. 미국인은 collection(수집)광들이 많아서 쓸데없다고 생각되는 물건도 즐겨 모은다. 그럴 때,

Do you think this is interesting?
그것이 재미있다고 생각합니까?

등으로 말할 수 있다. 이런 질문을 받으면 다음과 같이 말한다.

Yes, that's wonderful.
예, 재미있어요.

How long have you been collecting those things?
이런 것들을 얼마 동안 모으고 계십니까?

라며 대화를 계속할 수 있다.

Unit 56 Do I have to ~?

~해야 합니까?

모든 걸 신고해야 합니까?
Do I have to declare everything?
두 아이 해브 투 디클레어ㄹ 에브리씽

| Do I have to
두 아이 해브 투 | declare this handbag?
디클레어ㄹ 디스 핸드백

declare these cigarettes?
디클레어ㄹ 디즈 시가렛츠

come here again?
컴 히어ㄹ 어게인

report my address?
리포트 마이 어드레스

take this medicine every day?
테익 디스 메디슨 에브리 데이 |

이 핸드백을 신고해 | 야 합니까?
이 담배를 신고해
여기에 다시 와
제 주소를 보고해
이 약을 매일 먹어

Do I have to ~?(~해야 합니까?)

have to ~는 must ~와 같이 「~해야 한다」라는 의미

I have to get to the office by three.
3시까지 사무실에 가야 합니다.

He has to eat more.
그는 더 먹어야 합니다.

Do I have to come here again?
여기에 다시 와야 합니까?

에 대한 대답은 다음과 같다.

Yes. Please come at three next Monday.
예. 다음 월요일 3시에 와 주십시오.

No. You don't have to.
아니오. 올 필요 없습니다.

Unit 57 Who is ~?

~은 누구입니까?

저 남자는 누구입니까?
Who is that man?
후 이즈 댓 맨

Who 후	is 이즈	that woman? 댓 워먼
		this boy? 디스 보이
		your boss? 유어ㄹ 보스
		Mr. Richter's secretary? 미스터ㄹ 릭터ㄹ스 세크러테리
	are 아ㄹ	those people? 도우즈 피플

저 부인은	누구입니까?
이 소년은	
당신의 사장은	
릭터 씨의 비서는	
저 사람들은	

회화를 Up시키는 Tips

Who is ~?(~은 누구입니까?)

이름이나 신분을 알고 싶을 때는 Who is ~?라는 표현을 쓴다. 그러나 상대방의 이름을 부를 때에는 "Who are you?"라고 하지 않고 Your name, please.(당신의 이름을 말씀해 주십시오.)라고 한다.

who is는 줄여서 who's라고 쓰기도 한다. whose(누구의)와 발음이 같으므로 잘 구분해서 들어야 한다.

Who are ~?는 「복수의 사람들」의 이름이나 신분을 물을 때 쓴다.

Who's that man?에 대한 대답은 다음과 같다.

He's Mr. Brown.
그는 브라운 씨입니다.

He's a clerk.
그는 사무원입니다.

Who's that lady?에 대한 대답은 다음과 같다.

She's Miss Jones.
그녀는 존스입니다.

She's my daughter.
그녀는 제 딸입니다.

Unit 58 Who ~?

누구를[누구에게] ~합니까?

누굴 찾습니까? 〈전화에서〉

Who are you calling?
후 아르 유 콜링

Who 후	are you 아르 유	looking for? 룩킹 풔르
		going to visit? 고잉 투 비짓
	do you 두 유	want to see? 원 투 씨
	did you 디쥬	see? 씨
		write to? 롸잇 투

누구를[에게]
- 찾고 있습니까?
- 방문할 예정입니까?
- 만나고 싶습니까?
- 만났습니까?
- 편지를 썼습니까?

회화를 Up시키는 Tips

Who~ ? (누구를[누구에게] ~합니까?)

이때의 who는 「누구를, 누구에게」라는 의미이다. 문법상 whom을 써야 하지만, 회화에서는 who를 쓰는 것이 보통이다.

Who are you calling?에 대한 대답은 다음과 같이 이름을 말한다.

I'm calling Mr. Johnson.
존슨 씨를 찾고 있습니다.

Are you going to ~? (~할 예정입니까?)

are going to ~의 go에 「가다」라는 의미는 없으며, 「~할 예정」이라는 의미가 된다.

I am going to visit my uncle.
아저씨를 방문할 예정입니다.

He is going to go to China.
그는 중국에 갈 예정입니다.

Unit 59

저것은 누구의 ~입니까?

Whose ~ is that?

저것은 누구의 기념비입니까?

Whose monument is that?
후즈 마뉴먼트 이즈 댓

Whose 후즈	shoulder bag 숄더ㄹ 백	is that? 이즈 댓
	computer 컴퓨러ㄹ	
	jacket 재킷	
	car 카ㄹ	
	house 하우스	

저것은 누구의 | 숄더백 | 입니까?
| 컴퓨터 |
| 상의 |
| 차 |
| 집 |

회화를 Up시키는 Tips

Whose monument is that?
(저것은 누구의 기념비입니까?)

monument(기념비)는 곳곳에서 볼 수 있다. 예비지식이 있으면 여러 가지 관심을 나타내 보자.

이 질문에 대해서 "It's Robert's monument."(로버트의 기념비입니다.)라고 알려주면 다음과 같이 회화를 계속해 보자.

Who's Robert?
로버트가 누구입니까?

whose는 「누구의 것」이라는 의미이지만 다음과 같이 말할 수도 있다.

(1) Whose computer is this?
이것은 누구의 컴퓨터입니까?

(2) Whose is this computer?
이 컴퓨터는 누구 것입니까?

(2)의 경우 whose는 「누구의 것」이라는 의미이다.
이것에 대한 대답은 다음과 같다.

It's mine.
제 것입니다.

It's Smith's.
스미스 선생님 것입니다.

Unit 60

~은 무엇입니까?

What is ~?

저 건물은 무엇입니까?

What is that building?
와리즈 댓 빌딩

What is 와리즈	that tower? 댓 타워ㄹ	
	this street? 디스 스트릿	
	your 유어ㄹ	name? 네임
		number? 넘버ㄹ

	저 타워 (이름)는	무엇입니까?
	이 거리 (이름)는	
당신	이름은	
	(방 등의) 번호는	

회화를 Up시키는 Tips

your name(당신의 이름)

Your name, please.
이름을 말씀해 주십시오.

라고 묻는 경우도 있다. 이때는 천천히 말해 줄 것. 서로 외국인 사이이므로 알아듣기가 쉽지 않기 때문이다. 「김태희」라면 Tai-Hee Kim을 Tai, Hee, Kim처럼 끊어서 하나씩 또박또박 정확히 말한다.

street(거리)

지명으로는 1st St.(1번가) 등과 같이 표현한다. 또한 Avenue(가)도 같은 식으로 표현한다. Street와 Avenue가 가장 확실한 곳은 New York이다.
이 이외에 거리의 이름에 Drive를 쓰는 곳도 있다.

Unit 61

무엇을 ~하겠습니까?

What will you ~?

무엇을 드시겠습니까?
What will you have?
왓 윌 유 해브

| **What will you**
왓 윌 유 | **see?** 씨
visit? 비짓
buy? 바이
read? 리드
take? 테익 |

| 무엇을 | 보
방문하
사
읽
가지고 가 | 겠습니까? |

회화를 Up시키는 Tips

What will you have?(무얼 드시겠습니까?)

"What will you have?"라고 waiter가 물으면 다음과 같이 간단하게 대답할 수 있다.

A steak, please.
스테이크를 주십시오.

have는 「먹다」 이외에 「마시다」 등의 의미도 있으므로 다음과 같이 대답해도 된다.

Tea with lemon, please.
레몬티를 주십시오.

take(가지고 가다)

take는 「가지고 가다, 데리고 가다」라는 의미(bring의 반대) 외에 「(사진을) 찍다, 먹다」 등의 의미로도 사용할 수 있다.

I'll take some photos.
사진을 좀 찍겠습니다.

I have milk and some bread for breakfast.
아침식사로 우유와 빵을 먹습니다.

어떤 ~이 좋겠습니까?

Unit 62 What ~ would you like?

어떤 드레스가 좋겠습니까?
What dress would you like?
왓 드레스 우쥬 라익ㅋ

What 왓	color 컬러ㄹ	would you like? 우쥬 라익ㅋ
	type 타입	
	kind of 카인덥	wine 와인
		sauce 소스
		souvenir 수비니어ㄹ

어떤	색	이[가] 좋겠습니까?
	형	
	종류의	와인
		소스
		기념품

회화를 Up시키는 Tips

What dress would you like?
(어떤 드레스가 좋겠습니까?)

점원이 이처럼 물었을 때 마음에 드는 것을 발견했다면 다음과 같이 말할 수 있다.

Show me that dress, please.
저 드레스를 보여 주십시오.

마음에 드는 것을 아직 찾지 못했고, 좋아하는 것을 설명하기가 어려울 때는 다음과 같이 말하고 둘러보자.

Just looking around.
좀 둘러보겠습니다.

What kind of ~?(어떤 종류의 ~?)

What dress ~? 대신에 What kind of dress ~?도 자주 쓴다.

What kind of Scotch do you have?
어떤 종류의 스카치가 있습니까?

Unit 63

몇 시에 ~합니까?

What time ~?

이 버스는 시카고에 몇 시에 도착합니까?

What time does this bus arrive in Chicago?

왓 타임 더즈 디스 버스 어라이빈 시카고

What time 왓 타임	does 더즈	this train leave? 디스 트레인 리브
		the grocery open? 더 그로서리 오우픈
		Mr. Smith come back? 미스터r 스미스 컴 백
	can 캔	I see you? 아이 씨 유
	must 머스트	I come here? 아이 컴 히어r

몇 시에	이 열차는 떠납니	까?
	식료품점은 엽니	
	스미스 씨는 돌아옵니	
	제가 당신과 만날 수 있습니	
	제가 여기에 와야 합니	

회화를 Up시키는 Tips

What time does this train leave?
(몇 시에 이 열차는 떠납니까?)

한국의 열차는 정시에 다니는 것이 일반적이지만, 외국의 열차는 반드시 그렇다고 할 수 없다. 미국의 대륙횡단 열차는 반나절 정도나 지연되는 경우도 있다. 미국은 대단히 넓으므로 대부분 비행기로 이동한다.

what time(몇 시에)

「몇 시에 가게를 닫습니까?」라고 할 때에는 다음과 같이 말하면 된다.

What time do you close?

이때의 you는 「당신은」이라는 의미가 아니라 「당신들은」이라는 의미로, 「가게를 경영하고 있는 사람들」을 가리킨다. 다음과 같이 말할 수도 있다.

What time do you open?
몇 시에 개점합니까?

Unit 64

What did you ~?

무엇을 ~했습니까?

무슨 일입니까?
What did you do?
왓 디쥬 두

What did you
왓 디쥬

see?	씨
order?	오르더르
drink?	드링크
buy?	바이
say?	쎄이

당신은 무엇을 | 봤 | 습니까?
| 주문했 |
| 마셨 |
| 샀 |
| 말했 |

회화를 Up시키는 Tips

What did you do?(무슨 일입니까?)

호텔 방에 key를 두고 나와서 프론트에서 머뭇머뭇하고 있으면

What did you do?   무슨 일입니까?

라고 묻는다. 이런 경우는 다음과 같이 말한다.

I left my key in my room.   방에 키를 두고 왔습니다.

이 left는 「왼쪽」이 아니라, leave 「출발하다, 두고 가다」의 과거형인 left 「잊고 왔다, 두고 왔다」이다.

What did you see?   무엇을 봤습니까?

위와 같이 물으면 다음과 같이 대답하면 된다.

I saw many strange buildings.
진기한 건물들을 많이 보았습니다.

many strange buildings의 위치에 본 것을 넣어 여러 가지로 활용할 수 있다.

I saw a large ship.   큰 배를 보았습니다.

I saw a lot of beautiful pictures.   멋진 그림들을 많이 보았습니다.

see 「보다」는 see(현재) – saw(과거)로 변화한다. 자주 이용되는 다른 동사의 변화(현재·과거)를 알아두자.

order	-	ordered	drink	-	drank
buy	-	bought	say	-	said
go	-	went	come	-	came

Unit 65

When can I ~?

언제 ~할 수 있습니까?

언제 방문하면 좋겠습니까?

When can I come?
웬 캔 아이 컴

When	can I	see Mr. Brown?
웬	캔 아이	씨 미스터르 브라운
		buy the ticket?
		바이 더 티킷
		check in?
		체크 인
		visit the White House?
		비짓 더 와잇 하우스
	will it	**be ready?**
	윌 잇	비 레디

언제 | 저는 브라운 씨를 만날 수 | 있습니까?
저는 그 표를 살 수
저는 체크인할 수
저는 백악관을 방문할 수
그것은 준비될 수

회화를 Up시키는 Tips

When can I come?(언제 방문하면 됩니까?)

사람을 방문할 때는 반드시 상대방의 형편을 물을 것. 그때의 표현이
"When can I come?"("When can I go?"라고는 하지 않는다.)
when 대신에 what time(몇 시에)을 써도 좋지만, when을 폭넓게 쓸 수 있다.

"When can I come?"에 대해서는 다음과 같이 대답할 수 있다.

Please come at three tomorrow.
내일 3시에 오세요.

When will it be ready?(언제 준비가 됩니까?)

ready는 「준비가 되다」라는 의미. 위의 문장은 물건을 주문하고 「언제 됩니까?」라고 할 때에 쓰인다.

Breakfast is ready.
아침식사가 준비됐습니다.

Your table is ready.
당신 테이블이 준비됐습니다.

Unit 66

When does ~ …?

언제 ~은 …합니까?

언제 경기가 시작합니까?
When does the game start?
웬 더즈 더 게임 스타르트

When 웬	does 더즈	the concert begin? 더 콘서트 비긴
		the store open? 더 스토어르 오우픈
		the plane arrive? 더 플레인 어라이브
	will 윌	you visit us? 유 비짓 어스
		you call me? 유 콜 미

언제	음악회는 시작합	니까?
	가게는 엽	
	비행기가 도착합	
	오시겠습	
	전화 주시겠습	

회화를 Up시키는 Tips

When does the store open?(언제 가게 문이 열립니까?)

When do you open?은 점원에게 물을 때에, When does the store open?은 점원이 아닌 다른 사람에게 물을 때에 쓴다. 따라서 대답도 다르다.

you - We open at 9.
  9시에 엽니다.

store - It opens at 9.
  9시에 열립니다.

When will you call me?(언제 전화하시겠습니까?)

상대의 형편을 묻는 표현으로 상대가

I'll call you again.
다시 전화하겠습니다.

이라고 한 경우에 사용한다. 또한 다음과 같이 말할 수도 있다.

I'll be out until five. When will you call me?
5시까지 외출합니다. 언제 전화하시겠습니까?

Unit 67

언제 ~할 겁니까?

When are you ~?

언제 출발할 겁니까?

When are you going to leave?
웬 아르 유 고잉 투 리브

When 웬	are 아르	you going to answer him? 유 고잉 투 앤서르 힘
		you coming to Korea? 유 커밍 투 코리아
		they leaving? 데이 리빙
	is 이즈	he flying home? 히 플라잉 호움
		she having lunch? 쉬 해빙 런치

언제	당신은 그에게 답장할	겁니까?
	당신은 한국에 올	
	그들은 출발할	
	그는 비행기로 귀국할	
	그녀는 점심식사를 할	

회화를 Up시키는 Tips

When are you going to leave?(언제 출발할 겁니까?)

are you going to ~는 will you ~와 같다.

Are you going to go to Charleston?
찰스톤에 갈 예정입니까?
(= Will you go to Charleston?)

When are you coming to Korea?
언제 한국에 올 겁니까?

위의 문장은
When will you come to Korea?
When are you going to come Korea?
라고 해도 같다.

fly home(비행기로 돌아오다)

fly는 「(비행기로) 오[가]다」라는 의미. Did you fly?(비행기로 갔습니까?)라고 할 수도 있다. fly(날다)와 fry(튀기다)는 발음이 비슷하므로 주의하자.

Unit 68

Which will you have ~?

~중 어느 것으로 하겠습니까?

홍차와 커피 중 어느 것으로 하겠습니까?

Which will you have, tea or coffee?

위치 윌 유 해브 티 오어르 커피

Which 위치	do you 두 유	recommend, this or that? 레커맨드 디스 오어르 댓
		prefer, pork or chicken? 프리퍼르 포르크 오어르 치킨
	can I 캔 아이	use, a pen or a pencil? 유즈 어 펜 오어르 펜슬
		get, a glove or a bat? 겟 어 글럽 오어르 뱃트
		see, a play or a movie? 씨 어 플레이 오어르 무비

	어느 것을		니까?
이것과 저것 중		추천하겠습	
돼지고기와 닭고기 중		더 좋아합	
펜과 연필 중		쓸 수 있습	
글러브와 배트 중		얻을 수 있습	
연극과 영화 중		볼 수 있습	

182

회화를 Up시키는 Tips

Which will you have, tea or coffee?
(커피와 홍차 중에 어느 것을 드시겠습니까?)

「어느 쪽」을 선택하겠냐고 물을 때에는 which를 쓴다. 대답은 「아무거나 좋아요.」라고 하지 말고 확실하게 Tea, please.(홍차를 주십시오.) 등 원하는 것을 말하자. 원하는 게 없어서 「아무 것도 필요 없어요.」라고 하려면

I won't have either.
어느 것도 먹지 않겠습니다.

both를 써서 I won't have both.(둘 다 필요 없어요.)라고 해서는 안 된다.

Which do you recommend, this or that?
이것과 저것 중 어느 것을 추천하시겠습니까?

어느 것을 골라야 할지 모를 때, 동행자나 점원에게 의견을 물을 때 쓰는 표현이다. 대답은 다음과 같이 한다.

I'll recommend this.
이걸 추천하겠습니다.

Unit 69

~중 어느 것을 더 좋아합니까?

Which do you like better, ~?

고기와 생선 중 어느 것을 더 좋아합니까?

Which do you like better, meat or fish?

위치 두 유 라익 베러ㄹ 밑 오어ㄹ 피시

Which do you like better,
위치 두 유 라익 베러ㄹ

> **pears or apples?**
> 페어ㄹ즈 오어ㄹ 애플즈
>
> **potatoes or onions?**
> 포테이도즈 오어ㄹ 어니언즈
>
> **beef or pork?**
> 비프 오어ㄹ 포ㄹ크
>
> **red or blue?**
> 레드 오어ㄹ 블루
>
> **Galbi or Bulgogi?**
> 갈비 오어ㄹ 불고기

당신은	배와 사과 중에	어느 것을 더 좋아합니까?
	감자와 양파 중에	
	쇠고기와 돼지고기 중에	
	적색과 청색 중에	
	갈비와 불고기 중에	

회화를 Up시키는 Tips

Which do you like better, meat or fish?
(고기와 생선 중에 어느 것을 더 좋아합니까?)

이것에 대한 대답은 다음과 같다.

I like meat better.
고기를 더 좋아합니다.

I like better meat.이라고 하지 않도록 주의. 이런 질문 외에도

Which do you prefer, meat or fish?

라고 할 수도 있다. 여기에 대한 대답은 다음과 같다.

I prefer meat (to fish).

물론 다음과 같이 말해도 관계없다.

I like meat better.

pears or apples

I like pears better.
저는 배를 더 좋아합니다.

보통 pears라고 복수형으로 하며, a pear라고는 하지 않는다.

Unit 70 Which is ~ …?

…은 어느 ~입니까?

해안은 어느 쪽 길입니까?
Which way is the coast?
위치 웨이 이즈 더 코우스트

| Which direction is
위치 디렉션 이즈 | the bus terminal?
더 버스 터르미널

City Hall?
씨리 홀

the World Trade Center?
더 워르드 트레이드 센너ㄹ

the capitol?
더 캐피를

the science museum?
더 사이언스 뮤지엄 |

| 버스 터미널은
시청은
세계 무역센터는
의사당은
과학박물관은 | 어느 방향입니까? |

회화를 Up시키는 Tips

Which way is the coast?(해안은 어느 쪽 길입니까?)

「어느 길을 가면 해안에 갈 수 있습니까?」라는 의미이다. 가까우면 다음과 같이 대답한다.

Go straight along this street.
이 길을 똑바로 가세요.

멀면, 다음과 같이 말한다.

Take bus No. 25 over there.
저기서 25번 버스를 타세요.

You had better take a cab.
택시를 타는 게 좋아요.

which direction(어느 방향)

지도를 가지고 있어도 목적지로 가는 길을 모를 수 있다. 목적지가 지도에 나와 있으면, 그 건물이나 장소를 가리키며 Which direction is ~?라고 물어보자. 그러면, This direction.(이 방향입니다.)이라고 방향을 가르쳐 준다. Where am I according to this map?(이 지도에서 여기는 어디입니까?)이라든가 Here I am.(여기지요.)이라고 현재 위치를 지도에서 확인해 두면 대강 그 부근에 갈 수 있다.

Unit 71

Which ~ are you going to (…)?

어느 ~에 …에 할 겁니까?

런던의 어디로 갈 겁니까?

Which part of London are you going to?

위치 파롤 런던 아르 유 고잉 투

Which 위치	station 스테이션	are you going to? 아르 유 고잉 투
	hotel 호우텔	
	gate 게잇	
	flight 플라잇	are you going to take? 아르 유 고잉 투 테이크
	bus 버스	

어느	역으	로 갈 겁니까?
	호텔	
	게이트	
	비행편	을[를] 탈겁니까?
	버스	

회화를 Up시키는 Tips

which station(어느 역)

택시를 타고 Station, please.(역으로 부탁합니다.)라고 하면, Which station?(어느 역이죠?)이라고 되물어 올 때가 있다.

작은 도시라도 철도역, 버스터미널 등은 여러 개가 있을 수 있고, 큰 도시에는 역이 많다. 또한 같은 역이라도 동문, 중앙문, 서문 등이 있을 수 있기 때문에 정확한 장소를 말해 주는 것이 좋다.

which part of London(런던의 어디)

part는 「부분, 지역」의 의미

eastern 동부　　**western** 서부
southern 남부　　**northern** 북부
central 중앙부

Unit 72 Which ~ do I take …?

어느 ~를 타면 됩니까?

뉴욕에 가려면 어느 열차를 타면 됩니까?
Which train do I take for New York?
위치 트레인 두 아이 테익 풔르 뉴욕

Which
위치

bus 버스	**do I** 두 아이	**take for the Grand Hotel?** 테익 풔르 더 그랜드 호우텔
limousine 리무진		**take for the Grand Hotel?** 테익 풔르 더 그랜드 호우텔
flight 플라잇		**take for St. Paul?** 테익 풔르 세인트 폴
streetcar 스트릿카르		**take for downtown?** 테익 풔르 다운타운
way 웨이		**go to the business district?** 고우 투 더 비즈니스 디스트릭트

그랜드 호텔로는	어느	버스를	타면 됩니까?
그랜드 호텔로는		리무진을	
세인트 폴로는		비행편을	
시내로는		전차를	
비즈니스 지역으로는		길을	가면 됩니까?

회화를 Up시키는 Tips

Which train do I take for ~?
(~로는 어느 열차를 타면 좋습니까?)

출발역에는 1번선, 2번선 처럼 몇 개의 track(선로)이 있어서 어디서 타야 하는지 모를 수 있다. 이럴 때에는 Which train do I take for ~?라고 물어보면 Track 7. (7번선입니다.)이라고 가르쳐 준다. 숫자 대신에 A, B, C 등을 쓰는 곳도 있다.

street car(시내 전차)

이것은 지하철과는 다르게 시내의 지상을 달리는 전차이다. 크기는 보통 버스 정도이지만 대부분 2층으로 되어 있다. 요금지불 방법도 승차시에 지불, 차속에서 지불, 하차시 지불 등 여러 가지가 있다. 요금 대신에 token(토큰)을 쓰는 곳도 있다.

Unit 73 Where's ~?

~은 어디에 있습니까?

관광안내소는 어디에 있습니까?
Where's the tourist information office?
웨어r즈 더 투어리스트 인풔r메이션 오피스

Where's 웨어r즈	the toilet? 더 토일릿
	the bus stop? 더 버스 스탑
	your home? 유어r 호움
	Columbia University? 콜롬비아 유니버r시리
	the Statue of Liberty? 더 스테츄 업 리버r티

화장실은	어디에 있습니까?
버스 정류장은	
당신의 집은	
콜롬비아 대학은	
자유의 여신상은	

회화를 Up시키는 Tips

Where's the toilet?(화장실은 어디에 있습니까?)

where's는 where is의 단축형이다.
toilet 대신 rest room이라 해도 좋다. 영어로 toilet이란 「공중화장실」을 말한다. 따라서 개인의 집에 있는 화장실은 toilet이라 하지 않는다.

Where's the bathroom?
화장실은 어디 있습니까?

I'd like to wash my hands.
화장실에 가고 싶습니다.

등으로 말한다. 화장실과 욕실이 함께 있는 구조로 되어 있으므로 bathroom이라 하면 화장실을 의미한다. 호텔 등에서는 gentlemen(남), ladies(여)라고 쓰여 있다. 남성용과 여성용이 각각 다른 곳에 있는 경우도 있다.

어디에서 ~할 수 있습니까?

Unit 74 Where can I ~?

어디에 앉을 수 있습니까?
Where can I sit?
웨어ㄹ 캔 아이 씻

Where can I 웨어ㄹ 캔 아이	**buy some film?** 바이 썸 필름
	buy cosmetics? 바이 커즈메틱스
	get a bus? 게러 버스
	take a rest? 테이커 레스트
	get a ticket? 게러 티킷

어디에서	필름을 살 수	있습니까?
	화장품을 살 수	
	버스를 탈 수	
	쉴 수	
	표를 살 수	

회화를 Up시키는 Tips

Where can I get a bus?
(어디에서 버스를 탈 수 있습니까?)

다음과 같이 말할 수도 있다.

Where's the bus stop?
버스정류장은 어디에 있습니까?

같은 식으로 다음과 같이 말할 수도 있다.

Where can I buy cosmetics?
Where's the cosmetics section?
화장품 매장은 어디에 있습니까?

Unit 75

어디에서 ~하고 있습니까?

Where are you -ing?

어디에서 전화를 걸고 있습니까?

Where are you calling from?

웨어르 아르 유 콜링 프럼

Where are you 웨어르 아르 유	**working?** 워르킹
	going to? 고잉 투
	going to 고잉 투	**meet them?** 밋 뎀
		see Mrs. Smith? 씨 미시즈 스미스
		see the show? 씨 더 쇼우

당신은 어디 │ 에서 근무하고 있습니 │ 까?
로 갈 예정입니
에서 그들과 만날 예정입니
에서 스미스 씨와 만날 예정입니
에서 쇼를 볼 예정입니

196

회화를 Up시키는 Tips

Where are you calling from?
(어디에서 전화를 걸고 있습니까?)

이때는 다음과 같이 대답할 수 있다.

I'm calling from the airport.
공항에서 걸고 있습니다.

From the Baltimore Hotel.
볼티모어 호텔입니다.

Where are you going to?(어디로 갈 예정입니까?)

이것은 "Where are you going?"이라고 해도 된다. 한국에서는 「어디 가세요?」라고 보통 인사하기도 하지만, 외국인의 관습으로는 상대방이 어디로 가는지 그것은 그 사람의 자유이고 또한 밝히고 싶지 않은 경우도 있다. 상대방과 친한 경우에는 괜찮지만, 필요한 경우 이외에는 행선지 등을 물으며 인사하지 않는 게 좋다.

Unit 76

어떻게 ~할 수 있습니까?

How can I ~?

어떻게 거기에 갈 수 있습니까?

How can I get there?
하우 캔 아이 겟 데어ㄹ

How can I 하우 캔 아이	get to your store? 겟 투 유어ㄹ 스토어ㄹ
	send this parcel to Korea? 센드 디스 파r슬 투 코리아
	open this window? 오우픈 디스 윈도우
	use that telephone? 유즈 댓 텔러포운
	get it? 게릿

어떻게	당신 가게에 갈 수	있습니까?
	한국에 이 소포를 보낼 수	
	이 창문을 열 수	
	저 전화를 쓸 수	
	그것을 얻을 수	

198

회화를 Up시키는 Tips

How can I get there?
(어떻게 거기에 갈 수 있습니까?)

이 질문에 대한 대답은, 거리가 가까우면

It's only a ten minute's walk.
걸어서 10분 거리입니다.

멀면

Take a taxi[bus or streetcar].
택시[버스 또는 시내전차]를 타세요.

등으로 답한다.

How can I send ~?
~를 어떻게 하면 보낼 수 있습니까?

한국에 물건을 보낼 때는 선편(sea mail)으로 보내는 것이 싸고 항공편(air mail)은 비싸다. 그러므로 물건 또는 중량에 따라서 어느 것으로 보낼지 결정해야 한다.

Unit 77 How long ~?

얼마나 ~입니까?

얼마나 체재합니까?
How long are you staying?
하우 롱 아 유 스테잉

How long is 하우 롱 이즈
- **that ski?** 댓 스키
- **this box?** 디스 박스

How long 하우 롱

does it take to get to 더짓 테익 투 겟 투
- **the Hilton by taxi?** 더 힐튼 바이 택시
- **the park on foot?** 더 파크 온 풋
- **Washington Square by bus?** 워싱턴 스퀘어 바이 버스

저 스키는 (길이가)
이 상자는 (길이가)
택시로 힐튼까지 (시간이)
공원까지 걸어서 (시간이)
워싱턴 광장까지 버스로 (시간이)

얼마입니까?
[얼마나 걸립니까?]

회화를 Up시키는 Tips

Part 2. 회화의 감각을 살리는 패턴 80

How long are you staying?
(얼마동안 체재할 겁니까?)

how long은 「길이, 기간」 등을 물을 때 쓴다. 다음과 같이 말해도 같다.

How many days are you staying?
며칠간 체재합니까?

이와 같이 묻는다면, 다음과 같이 대답하면 된다.

(I'm staying) For three days.
3일간 체재합니다.

How long is this box?
(이 상자는 길이가 얼마입니까?)

아래의 그림을 보고 말하면

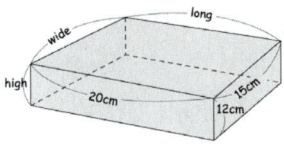

How long is this box?	〈길이〉
It's 20 centimeters long.	20센티미터입니다.
How wide is this box?	〈넓이〉
It's 15 centimeters wide.	15센티미터입니다.
How high is this box?	〈높이〉
It's 12 centimeters high.	12센티미터입니다.

Unit 78 How much ~?

얼마나 ~합니까?

요금은 얼마입니까?
How much is the fare?
하우 머취 이즈 더 페어ㄹ

How much 하우 머취	is this diamond? 이즈 디스 다이어먼드
	was the tie? 워즈 더 타이
	won do you have? 원 두 유 해브
	would you like? 우쥬 라익
	did you order? 디쥬 오ㄹ더ㄹ

이 다이아몬드는	얼마	입니까?
그 넥타이는		였습니까?
원을		가지고 있습니까?
		필요하십니까?
		주문했습니까?

회화를 Up시키는 Tips

How much is the fare?(요금은 얼마입니까?)

how much는 「값」을 물을 때 사용한다. "How much?"만으로도 충분하다. fare는 교통수단의 「운임」

How much won do you have?
원을 얼마나 가지고 있습니까?

세관에서의 질문이다. 이 대답은 다음과 같다.

I have ~ won.

How much would you like?
얼마나 필요합니까?

이것은 「양」을 묻는 것이므로, 양으로 다음과 같이 대답한다.

One pound, please.
1파운드 주십시오.

Just a little bit, please.
조금만 주십시오.

Unit 79: How many ~ …?

얼마나 ~합니까?

100달러로 몇 병을 살 수 있습니까?

How many bottles could I buy for 100 dollars?

하우 매니 바를즈 쿠다이 바이 풔르 원 헌드레드 달러즈

How many 하우 매니	eggs do you want? 에그즈 두 유 원트
	donuts do you want? 도우넛츠 두 유 원트
	pens do you need? 펜즈 두 유 니드
	pictures did you take? 픽쳐르즈 디쥬 테이크
	brothers do you have? 브라더르즈 두 유 해브

계란을 몇 개	원하십니	까?
도너츠를 몇 개	원하십니	
펜이 몇 개	필요하십니	
사진을 몇 장	찍었습니	
형제가 몇 명	입니	

204

회화를 Up시키는 Tips

How many bottles could I buy for 100 dollars?
(100달러로 몇 병을 살 수 있습니까?)

could는 can보다 정중한 표현이다.

How many eggs do you want?
계란을 몇 개 드시겠습니까?

One egg, please.
계란 1개 부탁합니다.

등으로 대답하면 된다.

How many eggs?로 묻는다면 다음과 같이 말해도 된다.

One, please.
1개입니다.

Unit 80 How ~?

얼마나 ~합니까?

어떻습니까?
How does it feel?
하우 더짓 필

How	would you like	it?
하우	우쥬 라익	잇
		it done?
		잇 던
	did you like it?	
	디쥬 라이킷	
	will you spend next Saturday?	
	윌 유 스펜드 넥슷 세러ㄹ데이	
	do you want it cut?	
	두 유 원 잇 컷	

어떻	습니	까[요]?
어땠	습니	
어떻게	해드릴까	
어떻게	다음 토요일을 보낼 예정입니	
어떻게	(머리를) 잘라 드릴까	

회화를 Up시키는 Tips

How does it feel?(어떻습니까?)

이것은 「어떤 느낌입니까?」라는 의미. 옷 등을 입어 보았을 때 듣게 되는 말이다. 좋으면,

It fits perfectly. 잘 맞습니다.

잘 맞지 않거나 마음에 들지 않는다면 다음과 같이 말한다.

It's a little tight around here.
여기가 좀 낍니다.

Make the sleeves little shorter.
소매를 좀 줄여 주십시오.

How would you like it done?(어떻게 해드릴까요?)

비프스테이크를 주문했을 때, 그것의 굽는 정도를 어떻게 할 지 묻는 것이다.

Medium, please. 미디엄으로 해 주십시오.

또는 다음과 같이 자신이 좋아하는 것을 말한다.

Rare, please. 레어로 부탁합니다.

Medium-rare, please. 미디엄-레어로 부탁합니다.

Well-done, please. 웰-던으로

기초 필수단어

A

ability 능력, 재능
about ~에 대하여, 대략
abroad 외국에, 해외로
absent 결석한
abuse 남용하다, 학대하다
accept 받아들이다
accident 사고, 우연
according ~에 따라, ~에 의하면
act 행동하다, ~에 영향을 미치다
active 활동적인, 활발한
activity 활동, 활약, 행동
actually 실제로
address 주소
admiral 해군 대장, 제독
admire 칭찬하다, 감탄하다
adult 성인
advantage 이익, 장점
adventure 모험
advise ~에게 충고하다
affair 사건, 일
affection 애정
afraid 두려워하여, 걱정하여
against ~에 반대하여, ~에 기대어서
age 나이, 시대
ago (지금부터) ~전에
ahead 앞으로, 앞에
alarm 놀라게 하다, 경보하다
alive 살아 있는
aloud 소리 내어, 큰 소리로
alphabet 알파벳, 문자
although ~임에도 불구하고
amazing 놀랄만한, 굉장한
amount 액수, 총계
amuse 재미있게 하다
ancient 고대의
angel 천사
angle 각도, 관점
answer 대답하다; 대답
anxious 걱정되는, 열망하는
anyone 누구나, 아무나
apart 떨어져서, 따로
appetite 식욕, 독서욕
apply 지원하다, 적용하다
appointment 약속
area 지역
arrest 체포하다
as ~로서, ~만큼
athlete 운동가, 선수

attend ~에 출석하다, (고객을) 응대하다

attract 끌다

avoid 회피하다

away 떨어져서, 멀리

B

background 배경, 바탕

badly 나쁘게, 매우

balance 균형, 잔액

balloon 풍선, 기구

bar 막대기(모양의 물건); 금지하다

base 기초, 토대

basement 지하실

bat 야구방망이, 박쥐

bear 낳다, 참다; 곰

beast 야수, 짐승

beat 때리다, 이기다

beauty 미인

bedside 침대 곁

bee 꿀벌

been be의 과거분사

behave 행동하다

believe 믿다

belong 속하다

below ~의 아래에

bend 구부리다, (의지를) 굽히다

benefit 이익

besides ~을 제외하고, 게다가

bet 내기하다, 장담하다

beyond ~이 미치지 않는 곳에, ~을 넘어서

bike 자전거

birth 출생

bit 작은 조각, 조금

bite 물다, 물어뜯다

blanket 담요

blood 피

board 판자, 뱃전

bone 뼈, 가시

borrow 빌리다, 차용하다

bother 괴롭히다, 신경 쓰다

bottle 병

bottom 밑, 아랫부분

brain 두뇌, 뇌

branch 나뭇가지, 지점

break 어기다, 깨지다

breathe 호흡하다

bridge 다리

bring 가져오다, 데려오다

brush 붓; 빗질하다

burden 무거운 짐 (물리적, 정신적)

burn 타다, 타는 듯이 느끼다

bury 묻다
bush 숲, 수풀
business 사업, 일
but 그러나, ~을 제외하고
butterfly 나비

C

cage 우리, 새장
calm 평온한, 침착한
canal 운하
candle 초
cap 모자, 뚜껑
capital 수도, 자본; 주요한
care 조심, 돌보아 줌
careful 주의 깊은
cash 현금
castle 성
cause 원인, 이유; 야기하다, 일으키다
cave 굴, 동굴; 움푹 들어가게 하다
ceiling 천장
celebrate 축하하다, 찬양하다
century 세기, 100년
ceremony 의식
chain 사슬
chalk 분필

chance 기회, 운, 가능성
change 변화하다, 바꾸다; 변화, 잔돈
charge 청구하다, ~에게 지시하다; 대가, 책임
charming 매력적인, 매우 재미있는
cheap 값싼
cheer 갈채, 격려
chicken 병아리, 닭
chief 장, 우두머리; 주요한
Chinese 중국어; 중국의
choice 선택, 고르기
clear 맑은, 명백한
clerk 사무원, 점원
climate 기후, 풍토
clothes 옷, 의복
cloudy 구름이 낀
clue 단서, 실마리
coal 석탄
coast 해안
coil 코일, 감긴 것
coin 동전, 주화
college 단과대학
column (신문의) 란, 기둥
combine 결합하다, 겸하다
comfort 안락, 위안
comfortable 기분 좋은, 안락한

command 명령하다, 내려다보다

common 공통의, 일반의, 흔한

communication 통신하다, 전달하다

company 회사, 친구

compare 비교하다, 비유하다

competition 경쟁

complain 불평하다

complete 완성하다; 완전한

compose 구성하다, 작곡하다; 작곡가

concert 음악회

conduct 행위, 행동

connect 연결하다, 관계시키다

consider 숙고하다, ~을 …라고 생각하다

consist 구성하다

content 내용, 차례; 만족한

contest 경쟁, 대회

continent 대륙

control 통제, 지배

conversation 대화

cool 서늘한, 냉정한

copy 복사, 사본

corner 구석, 모퉁이

correct 정확한, 옳은

correct 고치다, ~을 교정하다

cost 비용; 비용이 들다

cough 기침

could ~할 수 있었다

courage 용기

course 진로, 과정

cradle 요람

crash 충돌, 갑자기 나는 요란한 소리

crazy 미친

create 창조하다, 만들다

crime 죄, 범죄

crowd 군중; 붐비다

crowded 붐비는, 혼잡한

cruel 잔인한, 참혹한

culture 문화, 교양

cure 병을 치료하다

curious 호기심이 강한, 이상스러운

custom 풍습, 습관

D

damage 손해, 손상

dangerous 위험한

dark 어두운

data 자료

deal 분배하다, 다루다

debt 빚, 은혜
declare 공언하다, 선언하다
decrease 감소; 감소하다
deep 깊은
deer 사슴
defeat 패배시키다
degree 정도, 학위
delicious 맛있는
delight 기쁘게 하다
deny 부인하다
depend ~에 의존하다, ~에 달려 있다
describe 묘사하다
desert 후식
deserve 받을 가치가 있다, ~할 만하다
design 계획, 설계
desire 바람, 소망
destroy 파괴하다
detective 탐정
develop 발전시키다, (필름을) 현상하다
dialog 대화
diary 일기
different 다른, 상이한
difficult 어려운, 까다로운
dig 파다, 알아내다
diligent 부지런한, 열심히 하는
direct 똑바른, 직접의
direction 방향, 지시, 지휘
dirty 더러운; 더럽히다
disappear 사라지다
disappoint 실망시키다
discover 발견하다, 알게 되다
discuss 토의하다, 의논하다
dish 접시, 요리
divide 나누다, 쪼개다
doubt 의심하다, ~을 미심쩍게 여기다
downtown 도심지
draw 끌다, 당기다
drive 운전하다, 몰다
drum 북
drunk 술 취한
duck 오리
dull 우둔한, 무딘
dumb 벙어리의
during ~동안, ~하는 중

E

each 각각의, 각자의; 각자, 제각기
earn 벌다, 얻다
earth 지구, 땅
edge 날, 가장자리
educate 교육하다, 육성하다

education 교육

effort 노력

either 어느 하나의, ~도 또한, 역시

elder 손위의, 연상의

election 선거

electric 전기의

electricity 전기

elephant 코끼리

else 그 밖에

empty 텅 빈; 비우다

encourage 격려하다, 촉진하다

enemy 적, 원수

engage 고용하다, 약속하다

engineer 기사, 공학자; 설계하다

enough 충분한; 충분히

envelope 봉투

equal 균등한, 평등한

error 잘못, 과오

especially 특별히

even ~조차도, ~까지도

ever 일찍이, 언젠가, 도대체

everything 모든 것, 가장 중요한 것

evil 악

exactly 정확히, 꼭

examine 조사하다, 시험하다

excellent 뛰어난, 우수한

except 제외하다; ~을 제외하고는

excite 흥분시키다

excited 흥분한

excuse 용서하다, 변명하다; 변명

exercise 운동, 연습

exit 출구

expensive 비싼

experience 경험

explore 탐구하다, 탐험하다

express 급행열차, 속달

extreme 극도의, 과격한

F

fact 사실

fair 공평한, 아름다운, 공명정대한

familiar 잘 알려져 있는, 친한

far 먼, 멀리

fat 살찐, 지방

fault 결점, 잘못

favorite 아주 좋아하는

fear 두려워하다

feather 깃털, 영광스러운 것

feed 먹을 것을 주다, 기르다

feeling 기분, 감정

fence 울타리
fever 열
few 소수의, 거의 없는
figure 모습, 인물, 숫자
finish 끝내다, 끝나다
first 제1의, 첫 번째의, 첫째로; 제1, 첫 번째
fit ~에 맞다, 맞추다
flat 평평한, 납작한
flood 홍수
floor 바닥, 층
flow 흐르다, 넘쳐흐르다
flower 꽃
folk 사람들, 가족; 민속의, 서민의
force 힘, 병력
force 강요하다
foreigner 외국인
forgive 용서하다
form 형태, 양식, 형식
formal 형식적인, 정규의
fortunately 운 좋게, 다행히
forward 앞쪽에, 앞으로
foundation 기초, 근거
fox 여우, 교활한 사람
freedom 자유
French 프랑스어, 프랑스인
friendship 우정, 친교
frog 개구리
frost 서리
fun 재미, 장난
funeral 장례식
funny 재미있는, 기묘한
furniture 가구
future 미래

G

gain (시계가) 더 가다, 이익을 얻다; 이익
garage 차고, 자동차 수리공장
gate 문, 출입구
gather 모으다
gaze 응시하다, 바라보다
general 육군 대장; 일반적인
gesture 몸짓
get 얻다, 사다
ghost 유령
giant 거대한
gift 선물, 타고난 재능
goal 목표, 골
golden 금빛의, 황금 같은
government 정치, 정부
grace 우아, 은혜
grade 성적, 학년
grammar 문법

grand 웅장한, 화려한
grave 중대한, 위대한; 무덤
gray 반백의, 회색의
great 위대한, 큰
green 녹색의
guard 지키다; 경계, 위병
guess 추측하다, 생각하다; 추측
guest 손님
gun 총

H
habit 습관, 버릇
hall 집회장, 회관
halt 정지
handle 손잡이; 다루다
handy 알맞은, 능숙한
hang 걸다, 매달다
happen (우연히) 일어나다, 생기다
hardly 거의 ~아니다
harm 해, 손해
harvest 수확; 거두어들이다
health 건강
heart 심장, 마음
heaven 천국, 하늘
height 높이, 고도
hero 영웅, 주인공

hide 감추다, 숨다
hold 손에 들다, 개최하다
hollow 구멍
honest 정직한
horizon 수평선, 지평선
horn 경적, 뿔
horror 공포, 전율
hour 시간, 시각
huge 거대한
hunger 굶주림
hunt 사냥하다, 추적하다
hurt 상처를 입히다
hut 오두막집

I
idea 생각, 관념
idle 게으른; 빈둥거리며 보내다
if 만일 ~라면, ~인지 아닌지
ill 병든, 나쁜
immediately 곧, 즉시
import 수입(품)
import 수입하다, 의미하다
important 중요한
impress 감명을 주다
include 포함하다
increase 증가하다
indeed 실로, 참으로

independent 독립의, 독립심이 강한
indoor 실내의, 옥내에서의
industrial 산업의, 공업의
industry 산업, 근로, 근면
information 정보, 지식
insect 곤충
inside 안쪽; 안쪽에서
insist 주장하다, 강요하다
instance 예, 사실
instead 대신에
instrument 도구, 악기
interested 흥미를 가진
international 국제적인
invade 침략하다, 침해하다
invent 발명하다, 꾸며내다
invitation 초대, 유혹
itself 그 자신; 그 자신을

J

jean 바지
jewel 보석
joke 농담
journey 여행
judge 판결하다, 판단하다
junior 연소자, 후배
justice 정의, 공정
justify 정당화하다

K

kindergarten 유치원
kindness 친절
knee 무릎

L

label 꼬리표, 딱지, 라벨, 쪽지
ladder 사다리
lady 숙녀, 부인
lake 호수
lamb 새끼양
lamp 등불
law 법률, 규칙
lazy 게으른, 태만한
leaf 잎
lend 빌려주다, 제공하다
less 더 적은
lesson 수업, 교훈
let 시키다
liberty 자유
license 면허, 허가, 관허, 특허
lift 들어 올리다
light 빛, 등불; 밝은, 가벼운; 불을 켜다
limit 제한, 한계
lip 입술
literature 문학

load 짐, 부담
loaf (빵) 한 덩어리
locate 위치하다
lock 자물쇠
log 통나무
lonely 쓸쓸한, 사람 왕래가 적은
loose 풀린, 헐거운
love 사랑; 사랑하다
lovely 아름다운, 사랑스러운
low 낮은, (값이) 싼

M

magazine 잡지
magic 요술, 매력
main 주요한
major 전공하다
mankind 인간, 인류
march 행진
marriage 결혼
mass 대중, 집단
match 어울리는 것; ~에 필적하다
material 재료, 도구
mayor 시장
meal 식사, 한 끼
medicine 약, 내복약
member 회원, 일원

mention 말하다
merchant 상인
mercy 자비, 행운
metal 금속
mile 마일(거리의 단위)
mill 공장, 물방앗간
mind 걱정하다, 꺼리다, 싫어하다; 마음, 정신
miss 놓치다, 그리워하다
model 모형, 모델; 만들다
modern 현대의
moral 도덕적인, 윤리의
mouse 생쥐
movement 운동, 움직임
mud 진창, 진흙
murder 살인
myself 나 자신, 나 스스로
mystery 신비, 불가사의

N

nail 손톱, 못
narrow 좁은, 한정된
national 국민의, 국가의
native 고향의, 선천적인
natural 자연의, 당연한
necessary 필요한, 필연적인
need 필요로 하다; 필요
neighbor 이웃(사람)

neither ~도 아니고 …도 아니다

nervous 초조한, 신경과민한

nice 좋은, 훌륭한, 친절한

nickname 별명, 애칭

ninety 90; 90의

noble 고귀한, 장대한, 고상한

nod 끄덕이다, 꾸벅꾸벅 졸다; 끄덕임

normal 보통의, 정상의

notice 주의, 통지, 벽보

nuclear 핵의, 원자력의

O

oath 맹세, 선서

obey 복종하다

object 사물, 목적

obtain 얻다

ocean 대양

off 떨어져, ~에서 떨어져

offer 제공하다, (~하겠다고) 말하다

office 회사, 사무소

opinion 의견

other 다른

over ~위에, ~위를 넘어, ~이상

overhear 엿듣다

P

pacific 평화로운, 평온한

pair 한 벌, 한 켤레

palace 성, 궁궐, 궁전

parade 행렬

pardon 용서하다

part 부분, 역할

pass 건네주다, 지나가다, 합격하다

past 지난, 과거의

peace 평화, 평온

peaceful 평화로운

pepper 후추; 후추를 뿌리다

perfect 완전한, 완벽한

personal 개인의, 인격적인

phone 전화

physical 물질의, 신체의

pill 알약

pilot 조종사

pipe 관, 파이프

pity 동정하다

plain 분명한, 솔직한

plate 접시, 판금

plenty 풍부, 많음

poem 시, 운문

poet 시인

pole 막대기, 극

polite 공손한, 예의바른

pollution 오염
population 인구
port 항구
position 위치, 직책
positive 명확한, 적극적인
possible 가능한
posture 자세, 태도
poverty 가난, 결핍
powder 가루
power 힘, 권력
practice 연습, 실행; 연습하다, 실행하다
prairie 대초원
praise 칭찬; 칭찬하다
pray 빌다, 기도하다
precious 귀중한
prepare 준비하다
press 누르다, 밀다
pressure 압박
pretend ~인 체하다
price 값, 가격
prison 형무소, 감옥
private 개인의, 사적인
probably 아마
problem 문제
produce 생산하다
professor 교수
program 프로그램, 계획

progress 진보하다, 진행하다
project 계획하다; 설계
pronunciation 발음
protect 보호하다
prove 증명하다, ~임이 알려지다
provide 공급하다, 규정하다
public 대중(사회), 공중; 공공의, 공중의
pulse 맥박
pumpkin 호박
purpose 목적, 용도
purse 지갑, 핸드북
puzzle 당황하게 하다, 난처하게 만들다

Q

quality 품질, 특성
quarrel 싸움
quarter 4분의 1, 15분
queen 여왕
quick 빠른
quiz 질문, 간단한 테스트

R

race 경주, 인종
railroad 철도
rainy 비오는
raise 올리다; 월급 인상

rapid 빠른
real 실제의, 진짜의
realize 깨닫다, 실현하다
rear 뒤쪽; 후방의
recently 최근에
refrigerator 냉장고
refuse 거절하다
region 지역, 지방
regular 규칙적인
rein 고삐; 억제하다, 지배하다
relative 친척
relax 긴장을 풀다, 늦추다
relay 교대자
religious 종교적인, 신앙심이 깊은
remain 남다, (여전히) ~이다
remember 생각해 내다, 기억하고 있다
repair 수선하다
replace ~을 대신하다, 제 자리에 놓다
reply 대답하다
republic 공화국
resource 자원
respect 존경; 존경하다
result 결과, 성과; 결과로 일어나다
return 돌아오다, 돌려주다
review 복습하다, 재검토하다

revive 부활하다, 소생하다
reward 보답, 보수
rid 제거하다
riddle 수수께끼
road 길, 도로
roar 으르렁거리다, 울부짖다
robber 강도
roof 지붕
rude 무례한
ruin 파멸, 화근, 파멸의 원인
rule 규칙, 습관

S

safe 금고; 안전한, 무사한
same 같은
sample 견본
sand 모래
save 구하다, 덜다
saw 톱
say 말하다, ~라고 씌어 있다
saying 속담
scar 상처, 흔적
scare 놀라게 하다, 겁내다
scene 장면, (울부짖는) 큰 소동
schedule 예정표; ~할 예정이다
scholar 학자, 학식이 있는 사람

science 과학
score 득점, 20
scream 날카롭게 소리치다
search 찾다
secret 비밀; 비밀의
secretary 비서, 장관
seed 씨
select 고르다
sense 감각, 느낌
sensitive 예민한
sentence 문장, 판결
series 연속, 시리즈
serious 진지한, 중대한
serve ~에 봉사하다, ~(음식물을) 차리다
service 봉사, 공공사업
settle 이주하다, 결정하다
several 여럿의, 몇 사람의
shade 그늘
shake 떨다, 흔들다
shall ~일 것이다
sharp 날카로운, 예리한
sheep 양
shock 충격; 충격을 주다
short 짧은, 키가 작은
shoulder 어깨
shout 외치다, 큰 소리로 말하다

shower 소나기, 샤워
shrug 어깨를 으쓱함
shut 닫다
shy 부끄러워하는, 수줍은
sigh 한숨 쉬다; 한숨
sight 시력, 광경
sign 신호, 표시
silent 침묵의, 조용한
silk 비단
silly 어리석은
similar 비슷한, 같은 모양의
simple 간단한, 간소한
since ~이래, ~이므로
single 단 하나의, 독신의
sink 가라앉다
site 부지, 장소
situation 위치, 사태
skill 기술, 기량
slave 노예
slide 미끄러지다
slip 몰래 나오다, 미끄러지다
slow 느린
slowly 천천히, 늦게
smart 산뜻한, 영리한
smell 냄새를 맡다, 냄새가 나다
smoke 담배를 피우다; 연기
smooth 매끄러운, 평탄한

snake 뱀
sniff 냄새 맡다
soap 비누
social 사회의, 사회적인
solar 태양의
solution 해결, 용해
solve 풀다, 해결하다
sometime 언젠가
somewhere 어딘가에
source 출처, 근원
southern 남쪽의
spade 가래, 삽
spell (단어를) 철자하다
spirit 정신
spot 장소
spread 펼치다, 바르다
square 정사각형, 광장
stadium 육상 경기장
stage 무대, 시기
stair 계단
stamp 우표, 도장
stare 응시하다
statue 상(像), 조각
steady 확고한, 착실한, 한결같은
steal 훔치다
step 걸음, 한 걸음
stick 나무토막; 찌르다

still 아직, 고요한
stomach 위
straight 똑바른, 정직한
stranger 이상한, 낯선 사람
stream 개울, 흐름
stress 압박, 강세
stripe 줄무늬
struggle 분투노력하다, 싸우다
stupid 어리석은, 우둔한, 바보 같은
subject 학과, 주제
succeed 성공하다, 계승하다
success 성공, 성공한 사람
such 이러한, 그러한
suddenly 갑자기
suggest 암시하다, 제안하다
suit ~에 알맞다, ~에 어울리다
supper 저녁밥
supply 공급
surround 둘러싸다
system 조직, 체계

T
tax 세금
tea 차
tear 눈물

tear 찢다, 찢어지다
temple 사찰, 절
tent 천막
term 용어, 학기
terrible 끔찍한, 무서운
theater 극장
then 그때, 그러면, 그러고 나서
thermometer 온도계
thief 도둑
thin 엷은, 여윈
thirsty 목마른, 갈망하는
though 비록 ~일지라도, ~이기는 하지만
thread 실, 수명
throat 목구멍
through ~중 내내, ~통하여
thumb 엄지손가락
ticket 표, 승차권
till ~까지
tired 피곤한, 싫증난
tongue 혀, 언어
too ~도 또한, 너무
tool 도구
tooth 이
top 꼭대기, 정상
tourist 여행자, 관광객
toward ~쪽으로, ~향하여

towel 수건
town 읍, 도시
trace 자취, 발자국
track 지나간 자국, 선로
trade 무역, 거래
tradition 전통, 전설
treasure 보물
trick 속임수, 묘기
triumph 승리
trouble 어려움, 고생, 수고
trust 신용하다, 맡기다; 신용, 신뢰
truth 진리, 진실
type 유형, 활자

U
understand 이해하다, 알다
uniform 제복, 군복
universe 우주, 전 세계
unless ~하지 않으면
unlike 같지 않은
upset 망쳐 버리다, 당황하게 하다
useless 쓸모없는

V
valley 골짜기, 계곡
valuable 귀중한

various 여러 가지의
vase 꽃병
vegetable 야채
vice 악덕
view 경치, 의견, 목적
virtue 덕, 장점
voice 소리
vote 투표하다
voyage 항해

W

waist 허리
wait 기다리다
wake 깨다, 깨우다
war 전쟁
wealth 재산, 부
weapon 무기, 공격, 수단
weather 날씨, 일기
wedding 결혼, 결혼식
weight 무게, 중량
whether ~인지 어떤지, ~이든 아니든
whole 전부
wide 넓은
wild 야생의, 난폭한
witness 목격자, 증거
world 세상, 세계
worry 걱정하다, 괴롭히다

worth 가치
wound 상처, 부상
wrap 싸다, 포장하다

Y

year 연, 해, 나이
yield 산출하다
youth 젊음, 청춘
yourself 당신, 스스로

Z

zeal 열의, 열정
zone 지역, 지대